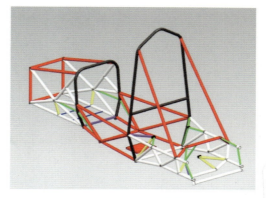

图 2.1　HQU-09 钢管桁架式车架

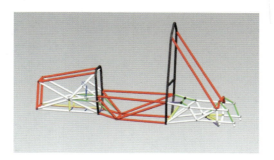

图 2.6　车架空间杆系(不同颜色表示不同尺寸的管道)

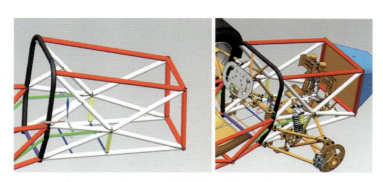

图 2.9　车架前舱和前舱内部

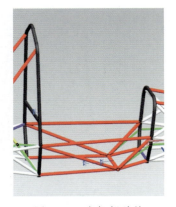

图 2.10 车架驾驶舱

图 2.11 发动机舱

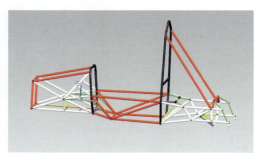

图 2.12 车架的几何模型

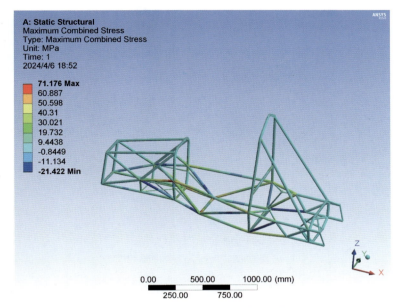

图 2.15　车架扭转刚度分析应力云图

图 7.1　承志车队的腰线设计

图 7.2　车身造型手绘稿

图 7.5 采用 Keyshot 进行的图片渲染

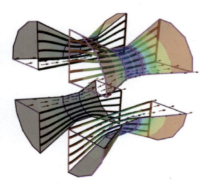

图 7.15 文丘里管

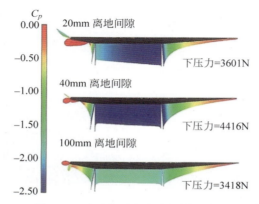

图 7.33 离地间隙与压力系数关系图

图 7.38 赛车实体化模型

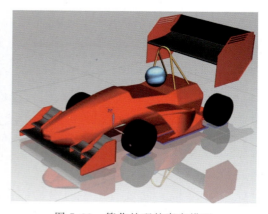

图 7.39 简化处理的赛车模型

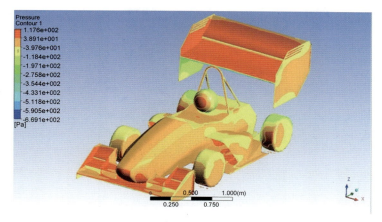

图 7.42 整车表面压力分布云图

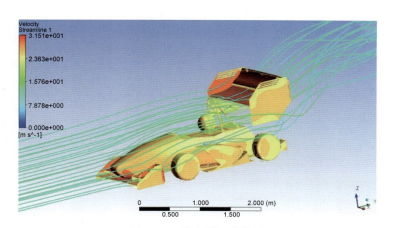

图 7.43 车身周围流线图

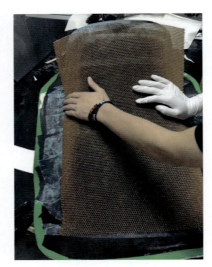

图 7.47 座椅铺设芳纶蜂窝

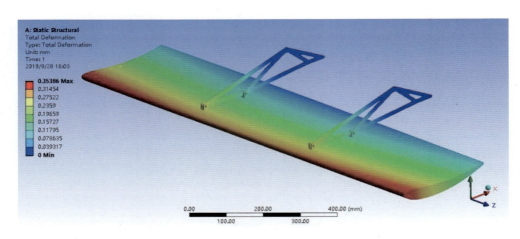

图 7.58 前翼铝支架的装配静力结构分析

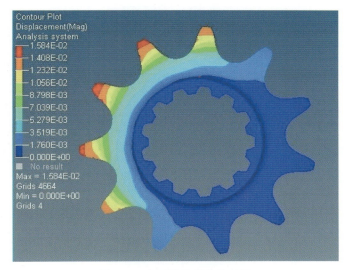

图 8.9 主动链轮的位移云图

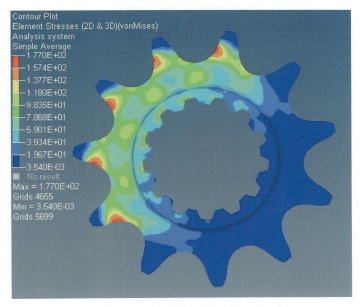

图 8.10 主动链轮的应力云图

图 8.11 从动链轮的位移云图

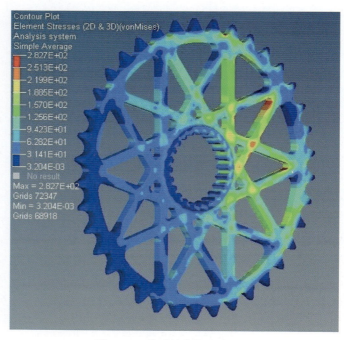

图 8.12 从动链轮的应力云图

大学生方程式赛车的
设计与实践

张勇 林继铭 杨永柏 张锋 陆勇 编著

清华大学出版社
北京

内容简介

本书立足大学生方程式汽车大赛（FSAE），分系统阐述了FSAE赛车的重点规则、理论基础、零部件构造、设计思路及加工工艺，是一本面向广大大学生方程式赛车参赛队员和指导教师的教材。本书将基础性、全面性、前沿性与实用性相结合，通俗易懂，既适合入门级的参赛队员，也适合有数年经验的FSAE从业人员。对众多的业余赛车爱好者而言，本书也具有较好的理论与实践指导价值。

本书由华侨大学教材建设资助项目及2024年福建省高等教育改革与研究项目（FGJG 202419）资助。

版权所有，侵权必究。举报：010-62782989，beiqinquan@tup.tsinghua.edu.cn。

图书在版编目（CIP）数据

大学生方程式赛车的设计与实践 / 张勇等编著. -- 北京：清华大学出版社，2025.1. -- ISBN 978-7-302-67666-9

Ⅰ. U469.602

中国国家版本馆CIP数据核字第2024QB3671号

责任编辑：刘　杨
封面设计：傅瑞学
责任校对：薄军霞
责任印制：刘　菲

出版发行：清华大学出版社
网　　址：https://www.tup.com.cn，https://www.wqxuetang.com
地　　址：北京清华大学学研大厦A座　　邮　编：100084
社 总 机：010-83470000　　邮　购：010-62786544
投稿与读者服务：010-62776969，c-service@tup.tsinghua.edu.cn
质量反馈：010-62772015，zhiliang@tup.tsinghua.edu.cn

印 装 者：三河市君旺印务有限公司
经　　销：全国新华书店
开　　本：185mm×230mm　　印张：10　　插页：4　　字　数：227千字
版　　次：2025年1月第1版　　印　次：2025年1月第1次印刷
定　　价：56.00元

产品编号：104715-01

编著委员会

主　任：张　勇
副主任：林继铭　杨永柏　张　锋　陆　勇
编　委：褚榕鑫　叶焰国　洪碧祥　于　鹏　贾　圣　程　磊
　　　　范承志　刘可亮　杨瀚林　余裕浩　刘　榕高　曹　凡
　　　　赵明强　李建森　杨奕鑫　蔡志雄　伍海溪　王　敏
　　　　周义翔　黎俊杰　游　乙　马　骁　黄碧芊　汪文豪
　　　　涂凯南

前言

本书旨在系统地介绍大学生方程式赛车的设计、制造和竞赛规则，以及相关的理论知识和实践技能，使读者建立起对方程式赛车项目的整体认识，为广大汽车工程爱好者和相关领域的学习者提供一份宝贵的学习资料和参考指南。同时，本书也分享了华侨大学的赛车制造经验，以促进方程式系列赛事的进步与各车队之间的交流与合作。通过本书的学习，读者可以深入了解方程式赛车的各个方面，从设计思路到实际制造，再到比赛策略的制定和执行，全面提升其在车辆工程领域的专业素养和实践能力。

本书适用于所有对车辆工程与赛车领域感兴趣的读者，无论是初学者还是专业人士，都能够从中获得一定的收获和启发，包括但不限于以下几类。

车辆工程专业在校学生：作为方程式赛车项目的参与者或者车辆工程专业的学习者，可以通过本书了解方程式赛车的设计与实践，提升自己的专业知识和实践能力。

车辆工程师及技术人员：已经从事车辆工程领域相关工作的专业人士，可以通过本书了解方程式赛车的设计理念，为自己的工作提供参考和借鉴。

高校教师及科研人员：从事车辆工程领域教学和科研工作的教师及科研人员，可以通过本书了解方程式赛车项目的具体知识，为教学和科研提供参考资料。

赛车爱好者及相关行业从业者：对赛车运动感兴趣的爱好者及相关行业的从业者，可以通过本书了解方程式赛车的设计原理和制造技术，增进对赛车领域的了解和认识。

本书各章节的主要内容与编写者如下。

第1章(赛车总体设计)介绍方程式赛车总体设计的基本布置和选择，包括赛车重要部件选型、整车参数选取等，由张勇、林继铭、褚榕鑫等编写。第2章(车架)讨论方程式赛车车架的设计与制造，包括材料选择、结构设计、仿真优化、焊接定位，由张勇、杨永柏、叶焰国等编写。第3章(悬架)介绍方程式赛车悬架系统的设计与调校，包括车轮定位参数、几何布局、悬架结构等，由杨永柏、范承志等编写。第4章(制动系统)介绍方程式赛车制动系统的设计与优化，包括零件选型、制动系统布置、制动力分析计算等，由杨永柏、林继铭、程磊、刘可亮等编写。第5章(发动机)全面介绍方程式赛车发动机的各个工作系统，包括进气系统、排气系统、冷却系统、润滑系统、燃油供给系统、电子喷射系统、传动系统等,由林继铭、洪碧祥等编写。第6章(电子系统)从零开始讨论方程式赛车电子系统的设计与调校,包括电源、电路、传感器等,由张锋、杨瀚林等编写。第7章(车身与空气动力学)探讨方程式赛车车身设计与空气动力学优化,包括车身造型设计、空气动力学基础、气流仿真优化等,由杨永柏、褚榕鑫、于鹏等编写。第8章(传动系统)介绍方程式赛车传动系统的设计,包括减速器、差速器、半轴总成等,由陆勇、余裕浩、刘榕高等编写。第9章(赛车试验)讨论方程式赛车的试验方法,包括汽车试验、FSAE常见试验,由张勇、褚榕鑫等编写。

在本书的编写过程中,我们得到了许多人的支持和帮助,在此向所有为本书的顺利完成作出贡献的人表示由衷的感谢。首先,感谢本书的所有编写者,他们不辞辛劳地撰写了各章节的内容,他们的专业知识和丰富经验是本书的宝贵财富。同时,感谢所有参与方程式赛车项目的学生团队和相关专家,特别是华侨大学方程式赛车团队成员,正是他们的努力和奉献,为本书提供了丰富的实践经验和案例资源,为读者呈现了一份真实而有趣的学习资料。

最后,我们要感谢所有阅读本书的读者,希望本书能够对你们有所启发和帮助。我们将继续努力,为方程式赛车领域的发展和推广贡献自己的一份力量。

编　者
2024年3月于华侨大学

目录

第1章　赛车总体设计 ··· 1
　1.1　中国 FSAE 赛事简介 ·· 1
　1.2　赛车总体布置 ··· 2
　1.3　整车形式的选择 ··· 3
　1.4　重要部件选型 ··· 5
　1.5　整车参数选取 ··· 8

第2章　车架 ·· 11
　2.1　车架的常用材料 ··· 12
　2.2　车架的结构设计 ··· 15
　2.3　车架的仿真优化 ··· 20
　2.4　车架的焊接定位 ··· 24

第3章　悬架 ·· 26
　3.1　概述 ·· 26
　3.2　车轮定位参数 ·· 28
　3.3　悬架几何 ··· 31
　3.4　刚度 ·· 35
　3.5　悬架结构 ··· 37

第4章　制动系统 ·· 39
　4.1　制动系统的介绍 ··· 39
　4.2　制动系统的零件选型 ··· 41
　4.3　制动管路的布置 ··· 45
　4.4　赛车制动时的分析与计算 ··· 45

4.5 制动系统的调试 ……………………………………………………………… 49

第5章 发动机 …………………………………………………………………… 50
5.1 发动机的选型 …………………………………………………………… 50
5.2 发动机进气系统 ………………………………………………………… 51
5.3 发动机排气系统 ………………………………………………………… 55
5.4 发动机冷却系统 ………………………………………………………… 57
5.5 发动机润滑系统 ………………………………………………………… 58
5.6 发动机燃油供给系统 …………………………………………………… 61
5.7 发动机电子喷射系统 …………………………………………………… 62
5.8 发动机传动系统 ………………………………………………………… 73

第6章 电子系统 ………………………………………………………………… 77
6.1 MCU 简介 ………………………………………………………………… 77
6.2 认识电路绘制软件 ……………………………………………………… 79
6.3 电源系统 ………………………………………………………………… 80
6.4 放大电路 ………………………………………………………………… 80
6.5 线束、传感器与仪表等 ………………………………………………… 82
6.6 制作制动可信度检查系统 ……………………………………………… 84
6.7 CAN 通信的详解 ………………………………………………………… 87

第7章 车身与空气动力学 ……………………………………………………… 91
7.1 车身造型与外观 ………………………………………………………… 91
7.2 空气动力学基础 ………………………………………………………… 93
7.3 空气动力学套件 ………………………………………………………… 102
7.4 CFD 仿真与验证 ………………………………………………………… 112
7.5 复合材料与加工工艺 …………………………………………………… 114

第8章 传动系统 ………………………………………………………………… 123
8.1 主减速器 ………………………………………………………………… 123
8.2 链轮的有限元分析 ……………………………………………………… 127
8.3 差速器 …………………………………………………………………… 131
8.4 半轴总成 ………………………………………………………………… 134

第9章 赛车试验 ………………………………………………………………… 137
9.1 汽车试验 ………………………………………………………………… 137
9.2 FSAE 常见试验 …………………………………………………………… 140

参考文献 ………………………………………………………………………… 149

第1章 赛车总体设计

1.1 中国 FSAE 赛事简介

大学生方程式汽车大赛(Formula SAE,FSAE)是一项面向大学生的综合性工程教育赛事。中国大学生方程式系列赛事(Formula Student China)成立于2009年,属于非营利社会公益性事业,旨在为国内汽车人才的培养与选拔运营搭建公共平台[1]。

中国大学生方程式系列赛事组成及发展历程如图1.1所示,4个分赛项分别为:

(1) 中国大学生方程式汽车大赛,2010年首次举办,简称 FSCC。

(2) 中国大学生电动方程式大赛,2013年首次举办,简称 FSEC。

(3) 中国汽车工程学会巴哈大赛,2015年首次举办,简称 BSC。

(4) 中国大学生无人驾驶方程式大赛,2017年首次举办,简称 FSAC。

截至2021年,系列赛事注册参赛院校有244所,车队注册总数420支,约有5万名来自各高校的学子参赛,他们不仅完成了1600余台赛车的设计,还组成了58支比赛队伍,并且在国内外共计取得了35项荣誉,同时还发表了上万篇技术论文。

各大学生团队每年都会独立自主地设计、制造、调试一辆方程式赛车。在这个过程中,团队不仅需要展现出自己的工程实践能力,还需要考核团队的工程管理、商业营销、成本控制、宣传招商等全方位能力。目前赛事培养人才涵盖汽车机械工程师、电气工程师、整车测试工程师、CAE 分析工程师、无人系统架构工程师、成本造价师、车辆营销策划人员、新媒体传播人员、技术管理人员、项目管理人员、科研人员等。为加强专项人才培养,做到精准培养,赛事衍生成立了诸多专项能力培训平台,包括中国大学生方程式系列赛事全国队长会、中国大学生方程式电气系统安全员培训、中国大学生方程式整车试验员培训、线上竞赛等。

赛事紧跟行业的发展路径,深度促进产教研全方面合作,为行业培养急需人才,已得到了社会各界的支持和认可。

图 1.1　中国大学生方程式系列赛事发展历程

1.2　赛车总体布置

1. 总体布置的意义

　　FSAE 赛车的主要设计流程为：赛车总体布置→各子系统设计→总体装配设计→可靠性和稳定性测试。在完成总体布置的前提下，各子系统的设计可以并行展开，相互协作。总体布置持续整个过程。从汽车造型效果图设计开始，总体布置就必须针对客户提出的需求，收集竞争车型，提供汽车造型的总体设计参数。作为赛车设计全过程的协调和监控机制，通过总体布置逐渐确定设计硬点，直至最后的精确装配，保证所有子系统之间的相互配合关系，同时能将产品的成本和结构的工艺性有效地结合在一起。总体布置在整车开发过程中起着举足轻重的作用，利用好并行工程的思想，能更好地协调各个子系统的工作，缩短开发周期，提高工作效率，提高产品开发的成功率。因此做好总体布置工作对整车开发具有重要意义[2]。

2. 总体布置的内容

　　在进行总体布置时，应基于中国 FSAE 赛事规则，并参考汽车总体布置方法、汽车理论和汽车设计的相关知识。对关键零部件(如发动机、差速器、轮胎、悬挂等)进行选型设计，确定赛车的基本参数(包括尺寸、质量和性能等),为后续的设计和计算奠定基础,以便进行整车建模。另外,在总体布置中,需要考虑各个分系统的规划与目标,明确关键节点的零部件选择和基本参数,以使整个团队在新车的研发过程中更具目的性,避免只关注局部而忽视整体。从一个赛季的开始到结束,赛车的设计和表现都应与总体布置相比较。这样可以在检验赛车是否达到设计目标的同时,考虑设计目标是否合理,记录赛车存在的缺陷,为制定来年的新车总体布置提供服务[2]。

3. 总体布置的原则

1) 符合赛事规则

在方程式赛车中,Formula 一词的原意是惯例、常规、准则和方案。赛车必须遵循国际汽车联合会发布的车辆技术规则,根据统一的规则和限制进行制造,这样制造出来的赛车就是方程式赛车,比赛称为方程式汽车赛。简而言之,"方程式"指的就是"规则"。在大学生方程式赛车的设计、制造、测试和竞赛过程中,中国大学生方程式汽车大赛的赛事规则被视为最基本的约束,并可作为大家普遍参考的文件。本书参考的赛事规则是《中国大学生方程式汽车大赛规则(2023)》[3],简称"规则"。

2) 基于成本考虑

在赛车比赛中,经费始终是一种稀缺资源。每个车队都会最大限度地利用能筹集到的资金,以追求更好的成绩。因此,预算和成本直接影响零部件选型和加工工艺的决策。不同品牌、型号的零部件以及不同的制造方法,其性能和尺寸肯定存在差异,因此这些因素会影响到总体布置的决策。

1.3 整车形式的选择

1. 赛车基本式样

规则第二章第二节 2.1 对赛车式样作出了要求:

2.1 赛车式样

赛车必须车轮外露和座舱敞开(方程式赛车式样),并且四个车轮不能在一条直线上。

对"车轮外露"的定义——车轮外露即须满足以下要求:

1) 从垂直车轮上方看,前后车轮上半部分(上半 180°)不允许被遮挡。
2) 从侧面看,前后车轮不允许被遮挡。
3) 在转向轮指向正前方时,赛车的任何部分都不能进入排除区。从赛车侧面看,排除区长边界由车轮前后各 75mm 的竖直延伸的两条线组成,宽边界为从轮胎外侧平面到轮胎内侧平面。"排除区"见图 2.1。

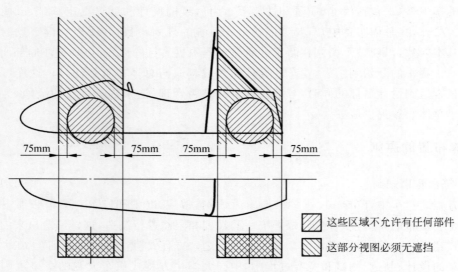

图 2.1 车轮周围排除区

4）必须同时符合第二章第九节空气动力学装置的尺寸和要求。

备注：所有的检测都使用干胎。

规则第二章第二节2.2对车身作出了要求：

2.2 车身

除了驾驶舱必须开口以外，从赛车最前端到主防滚架（或者防火墙）的这段空间里，不允许车身上有深入驾驶舱的开口。允许在前悬架的零件处有微小的开口。

2. 赛车驱动形式

1）中置后驱

主流的驱动形式为发动机中置后驱（middle-engine rear-drive，MR）。在方程式赛车的范围里，发动机中置后驱貌似成为了一条最基本的形式，因为它可以使赛车前后质量分配均匀、车手视野良好、动力传递路线最短、汽车动力性较佳，但容易产生转向过度或有甩尾倾向。在一辆结构紧凑、寸土寸金的方程式赛车上，中置后驱可谓最优化的设计。

2）四轮驱动

四轮驱动（4 wheel drive，4WD）可以充分利用所有车轮与地面间的附着力，提高动力性，但在单个发动机提供动力的方程式赛车上，需要加装传动轴、分动器和轴间差速器等部件，存在结构复杂、质量大、重心过高等较多缺陷；而在安装了轮毂电动机的纯电动方程式赛车上，无须复杂的传动机构，四轮驱动得到了普遍的应用。

3）其他驱动形式

一般汽车的驱动形式还有前置前驱（front-engine, front-drive, FF）、前置后驱（front-engine rear-drive, FR）和后置后驱（rear-engine rear-drive, RR）。在 F1 赛事诞生之初，曾出现过 FR 的布置形式，但由于其车头过重过长、传动系统过长、传动轴将车手垫高等缺点，很快被 MR 形式所取代。FF 形式由于传动布置复杂且困难，转向不足明显，制动后轮易打滑，前轮轮胎寿命短、动力性略差，一般不予考虑。

3. 赛车整车架构

燃油方程式赛车整车架构如图 1.2 所示，主要由车身、车架、车轮、动力系统、传动系统、电控系统、制动系统、转向系统、悬架系统及空气动力学装置组成。

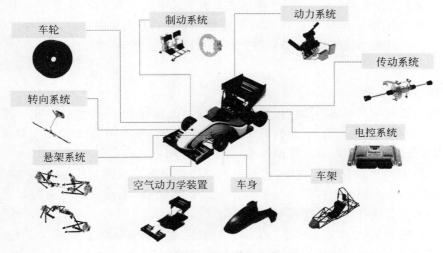

图 1.2　赛车整车架构

1.4　重要部件选型

一辆大学生方程式赛车需要进行选型和采购的主要部件包括发动机、轮胎、轮轴、电子控制单元（electronic control unit, ECU）、差速器、减振器、转向器、制动主缸、制动轮缸、消声器、座椅、安全带和缓冲块等。一些优秀的车队会自行制造这些部件（除了安全装备），或者在较大程度上改造购买的零部件。而赛车上的其他部件通常需要车队成员自行设计和加工。在总体布置的设计中，首先需要确定重要的部件选型，主要包括发动机、轮胎和轮轴。因为发动机是赛车的核心，也是技术含量最高的部件，而轮胎则是赛车释放动力的最终途径，它不仅影响发动机性能的发挥，还提供机动性的保障，它的尺寸在很大程度上影响行驶系统、悬挂系统的设计以及整车造型。因此，赛车的设计者应该同等重视轮胎和发动机的重要性。

1. 发动机

1）单缸发动机

从理论上讲，单缸发动机具有一些优点：构造简单，尺寸较小，质量轻，易于设计进排气系统、油路和冷却系统，并且在燃油经济性方面具有优势。然而，单缸发动机也存在一些缺点：随着燃烧室容积的增大，燃烧效率会不断下降；发动机排量越大，活塞就越大、越重，从而限制了最高转速和大功率输出。

相对于四缸发动机，单缸发动机在使用过程中会遇到更多的麻烦。如果原厂的单缸发动机采用化油器，需要自行将其改为电喷；同时，在安装了20mm的限流阀后能否正常点火也是一个问题；即使能够运转起来，更换电喷并满足标定的功率要求，这也是一个巨大的挑战；此外，即使在台架上调试了6个月，也不能保证它在赛场上能够良好地工作。另一个挑战是为了发挥单缸发动机的优势，必须将车辆质量降低，使整车质量在170kg左右，抑或更轻，否则将失去竞争力。

2）四缸发动机

直列四缸发动机具有以下优点：工作流畅度高，振动较少，发动机部件轻巧，燃烧效率高，有利于发挥高转速下的功率，并具备良好的散热性能。然而，它的缺点是相对较重、体积较大、结构较复杂，造价和燃油消耗都较高。

尽管四缸发动机具有较大的转矩，但在FSAE赛事中直线赛道较少，高功率可能并没有太多发挥余地。一辆最大功率为40kW的单缸车与60kW的四缸车之间的差距并不大，甚至更轻的单缸车很有可能在弯道上超越四缸车。

四缸发动机可靠稳定，振动较小。大多数四缸发动机采用电喷技术，需要进行的改动较少，只需正确连接线束，即使加上限流阀并使用原厂数据，通常也能正常点火。随后的挑战是如何进行标定以实现更大的功率输出。对于首次参赛的车队来说，四缸发动机是一个不错的选择，它具备足够的功率来弥补质量减轻的不足，点火方面也比单缸发动机容易得多。

3）三缸发动机

三缸发动机是一种相对较少见但正越来越受欢迎的发动机类型。它具有以下特点：

（1）尺寸较小和质量较轻：相比于四缸发动机，三缸发动机体积更小、质量更轻。这使得它在安装和布局上更加灵活，适合用于小型车辆或需要轻量化设计的应用。

（2）高效燃烧和燃油经济性：三缸发动机通常采用较高的压缩比和先进的燃烧技术，这使得它们能够实现更高的燃烧效率和燃油经济性。相对于较大的四缸发动机，在提供相同性能的情况下，三缸发动机燃油消耗更低。

（3）较低的振动和噪声水平：由于发动机的平衡性更好，三缸发动机通常具有较低的振动和噪声水平。这有助于提高驾乘舒适性，并为车辆提供更平稳的动力输出。

（4）较低的成本和复杂度：相对于更复杂的四缸发动机，三缸发动机通常具有更简单的设计和较低的制造成本。这使得它们更具竞争力并适用于经济型车型或市场。

需要注意的是，虽然三缸发动机具有许多优点，但在提供更高功率和转矩时可能相对受限制。因此，对于需要更高性能的车辆或特殊应用，较大的四缸或更多缸数的发动机可能更为合适。

2. 轮胎

作为赛车与地面之间的唯一接触点，轮胎承担着传递动力、提供附着力和转向响应的关键任务[4]。因此，轮胎的重要性堪比发动机。在 FSAE 赛事中，Hoosier 是最主流的轮胎品牌，其次还有 Continental、Goodyear 和 Giti 等品牌。

赛车轮胎采用全热熔胎技术，具有轻量化的特点。其胎面配方相对较软，使得轮胎在升温时能够快速达到工作温度，并且胎面在高温下容易熔化，从而有效地黏附在地面上，提供出色的附着力。这种设计能够产生显著的加速、制动和转弯性能。

1）外径

FSAE 赛事主流轮胎外径有两种：10in 与 13in（1in＝25.4mm）。10in 轮胎尺寸更小，质量更轻，整个行驶系统和悬架系统的几何尺寸都要缩小，一共可减重约 10kg，这是一个十分可观的减重量。直观上来说，要行驶同样的距离，小轮胎需要转动更多的圈数，磨损也会更大。但是传动系的减速比（输入转速与输出转速之比）变小了，动力损失也会减小。10in 轮胎最大的挑战是：在更小的轮毂内部布置立柱、制动盘和制动卡钳等零部件；更小的制动盘尺寸对制动系统提出了更严苛的要求；在转向或跳动过程中，更容易发生运动干涉等。因此，建议经验较少的车队可以从 13in 直径的轮胎开始设计，等技术成熟一些后再向 10in 轮胎发展。减小轮胎的尺寸，不仅会影响上述两个系统的设计，且车架、传动、空气动力学装置均会波及，可谓牵一发而动全身。

13in 轮胎的优势在于内部空间大，方便布置轮系零部件。在相同的宽度下，13in 轮胎的接地面积更大，可以有更大的附着力。缺点是转动惯量大，需要更强的转矩加速，所以 13in 轮胎一般匹配四缸发动机。

2）宽窄选择

确定了品牌、轮胎直径和配方后，接下来需要具体选择轮胎和轮辋的型号。规则中列出了常用的轮胎和轮辋型号及其参数。选择时，原则上希望轮胎和轮辋更轻、胎面更宽、胎壁更低，但为了满足互换性和适配性需求，可能需要作出一些妥协。更宽的胎面直接提高了轮胎的附着力，因此许多车队选择宽胎。然而，宽胎也会带来质量增加和转向力增加等问题。因此，在选择轮胎和轮辋时需要综合考虑各个方面的因素。

1.5 整车参数选取

赛车的重要参数可以分为外形参数和质量参数。外形参数包括轮距、轴距、总长、总宽、总高和离地间隙等。质量参数包括整备质量、质心高度和轴荷分配等[5]。

外形参数主要用于建模方面,例如车身车架、空气动力学套件的设计等。质量参数主要用于计算方面,例如制动力计算、主减速器减速比计算、悬挂系统的运动仿真计算等。

对于初次参赛的车队,在设计这些参数时,首先应该与历届优秀车队的参数进行比较,然后进行适当的计算[6]。而对于往届车队来说,还需要对比本队历届赛车的参数,并在权衡利弊之后进行适当的选择。通过借鉴历届优秀车队和本队的经验,可以更好地设计和调整这些重要参数。

1. 外形参数

1) 轴距与轮距

规则第二章第二节 2.3 对轴距,2.4 对轮距作出了要求:

2.3 轴距

赛车的轴距至少为 1525mm(约 60in)。轴距是指在车轮指向正前方时前后车轴轴线在地面上的投影之间的距离。

赛车的轴距是指轮轴中心线之间的距离(图 1.3)。轴距越长,赛车的高速稳定性越好。而轴距越短,在相同条件下,前后轴荷的转移越大,容易导致高速制动或进入弯道时操控不稳定。然而,轴距越长,赛车的最小转弯半径也越大,因此在迅速转弯或需要小转弯半径的机动性方面会变差。

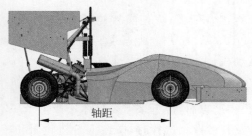

图 1.3 轴距

一般而言,赛车的最小转弯半径为轴距的 2~2.5 倍。因此,在讨论轴距时,要根据具体赛道的特点来进行考虑才更具指导意义。对于 FSAE 赛车来说,为了适应高速弯道和低速弯道频繁变换的赛道特点,最高速度一般不超过 120km/h,故轴距应该较短,接近 1525mm。

然而,轴距的长短会对赛车内部零部件的布局产生影响。较短的轴距会增加设计的难度,轴距小于1700mm时,内部部件如发动机、传动系统、转向系统和人机布局等的布置压力会增大。

2.4 轮距

赛车较小的轮距(前轮或后轮)必须不小于较大轮距的75%。轮距和重心必须结合起来以提供足够的侧翻稳定性。

轮距指的是赛车左右两侧车轮在车辆支撑平面上留下的轨迹的中心线之间的距离(图1.4)。一般而言,轮距较小时,车体宽度较小,转弯时更容易绕过障碍物。而较宽的轮距能够减小转弯时车轮的荷载转移,使得外侧车轮能够提供更好的支持,在弯道中车辆的倾斜角度较小,外侧车轮的极限状态出现较晚,从而提供更好的稳定性。

对于后轮驱动的赛车而言,如果前轮距大于后轮距,车辆的转向能力就会偏低,这种转向特性在弯道中更加安全。然而,增大前轮距会增加车辆的转弯半径,因此,前轮距较大的车辆需要相应增大前轮的转向角度,以抵消对转弯半径的不利影响。另外,前轮距大于后轮距的车辆还具有一个额外的优势,即在绕桩过程中,只要前轮通过桩桶,后轮通常不会碰到桩桶。

图1.4 轮距

根据历届中外车队的数据,主流的轮距通常选择在1200mm左右,前轮距相较于后轮距增加的值不超过50mm。

2) 最小离地间隙

最小离地间隙,是指赛车停放在水平地面上,在额定满载条件下,底盘最低点与地面之间的距离。通常这个距离是指主环最低点下方车身或扩散器(空气动力学套件的一种)下表面与地面之间的距离。赛车规则要求最小离地间隙不小于30mm,并要求赛车除了轮胎以外的部件不得接触地面。

较小的离地间隙可以降低赛车的重心,减小空气阻力,提高车速和高速过弯的稳定性。然而,如果离地间隙过小,悬架系统的刚度不足,赛车在高速转弯时底盘容易与路面接触造成损坏。

一般推荐的最小离地间隙取值在30~50mm。在赛车组装完成后,可以通过调整前后部分的离地间隙来微调赛车的前后轮荷分配。这样的调整可以对赛车的性能和操控进行一定的优化。

2. 质量参数

在确定赛车的质量参数时,需要考虑整备质量、轴荷分配和重心高度的选择。准确地估计赛车的质量参数对于后续设计制动力、主减速器传动比、悬架刚度等方面提供了重要的参考。此外,在分析各个零部件的质量时,还可以找到减轻质量的潜力。对于赛车而言,减重的意义甚至超过增加发动机功率和转矩的意义。因此,在赛车设计中,质量的减轻是一个重要的优化方向。

1) 整备质量

整备质量是指赛车在符合参赛要求的技术条件下装备齐全,加满各种油和水,并且没有驾驶员的情况下的质量。对于过去的车队而言,估计各个零部件的质量应参考上一年度的赛车数据。因此,记录赛车的各种数据非常重要,这些数据将成为设计新赛车的基础。

2) 重心高度和轴荷分配

重心高度和轴荷分配是根据赛车在满载状态下,在纵向平面内的质心位置确定的。通常情况下,轴荷分配会稍微偏向后轴,前后轴荷比一般为 43∶57～49∶51。这样可以增加后轮的附着力,提高加速性能,减少瞬间转向过度,并使赛车保持轻微的转向不足。在赛车装配完成后,可以通过调整推杆、拉杆或弹簧预载来微调前后轴荷比,但同时会改变前后的离地间隙。

重心高度一般在 300～400mm,重心越低,赛车的动态性能越好。有两种测试重心高度的方法:一种是在三维建模时确定所有部件的质量和位置,从而计算出整车装配体的重心位置;另一种是在实际车辆装配完成后,使用平面测重法或斜面测重法找出赛车的实际重心位置。

第 2 章 车　架

车架(frame),是整辆赛车的"骨架",用于支撑和连接赛车各个零部件,承受来自车内外的各种载荷,同时保护车手的空间结构。在规则中,车架被描述为"被设计用来支撑所有赛车的功能系统的结构总成。该部件可以是单个焊接结构,也可以是复杂的焊接结构,或是复合材料与焊接结构的组合"。

根据形式划分,车架有中梁式、边梁式等多种形式,适用于不同类型的车辆;根据材料划分,有钢管车架与复合材料车架(单体壳)等[7]。目前,FSAE赛车多使用钢管组成的桁架式(空间桁架式)车架(图2.1),具有刚度大、质量轻、成本低和结构紧凑的特点,被国内大多数车队所采用。单体壳(monocoque)在职业赛车和超跑领域被广泛采用,是一种先进的结构技术,是指用一个物体的表面而不是内部框架来承载,一般使用碳纤维增强树脂(carbon fiber reinforced polymer,CFRP)制备,与传统钢管车架相比,单体壳有更高的强度和刚度,且质量很轻,非常有利于赛车轻量化和保护车手安全。但是单体壳存在设计复杂、加工要求高、成本极高的缺点,这也使得很多车队望而却步。

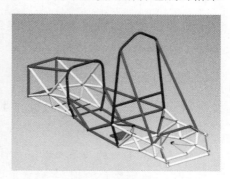

图 2.1　HQU-09 钢管桁架式车架
（见文前彩图）

根据规则对车架的总体要求,赛车的结构必须包括两个带有支撑的防滚架、带有支撑系统和缓冲结构的前隔板以及侧边防撞结构,即主环、前环、防滚架斜撑及其支撑结构、侧边防撞结构、前隔板、前隔板支撑系统、所有能将车手束缚系统的负荷传递到基本结构的车架单元。

表 2.1 所示为一些基本名词的解释。

表 2.1　车架基本名词

基本名词	解　释
底盘	支持所有功能车辆系统的组装结构。这种组合可以是单个组合结构、多个组合结构或复合结构和焊接结构的组合

续表

基本名词	解 释
单体壳	一种由外部平板承受载荷的底盘结构
主环	位于车手旁边或身后的一个防滚架
前环	位于车手双腿之上,接近方向盘的防滚架
防滚架	主环、前环均被归为防滚架
防滚架斜撑支承	从主、前环支承的末端引出到主、前环上的结构
车架单元	最短的未切割的、连续的单个管件
基本结构包络面	被多个平面所包围的空间。"平面"为与所有车架基本结构单元的最外面相切的平面
车架主体结构	已定义的车架基本结构所包围的车架部分为车架主体结构。主环上部在上侧边防撞杆顶端作水平面,主环高于此平面的部分和主环斜撑不包括在该定义中
前隔板	车架主体结构前端的一个平面结构。其功能是保护车手的双脚
前端缓冲结构	位于前隔板前方的可变形的吸能装置
侧边防撞区域	座舱内部车架的最低点往上 240~320mm,从前环到主环间的车辆侧边区域

2.1 车架的常用材料

车架最常用的材料为钢材,但是钢材种类繁多,性质各异,如何在众多的材料中选择最合适的钢材,这个问题要根据规则并结合实际情况从多方面综合考虑。

1. 材料的最低要求

规则第二章第三节 3.4.1 给出了车架材料的最低要求。

3.4.1 基准钢铁材料

赛车的基本结构必须由以下材料之一制作:

(1) 低碳钢或合金钢(含碳量至少为 0.1%)制造的圆管(最小尺寸规格要求如下表);

(2) 第二章 3.5,3.6,3.7 中允许的替代材料。

部件或用途	外径×壁厚
主环和前环,肩带安装杆	圆管 25.4mm×2.40mm 或圆管 25.0mm×2.50mm
侧边防撞结构、前隔板、防滚架斜撑、安全带安装杆及其斜撑(不包括上述部分) 电车:动力电池保护结构	圆管 25.4mm×1.65mm 或圆管 25.0mm×1.75mm 或方管 25.4mm×25.4mm×1.20mm 或方管 25.0mm×25.0mm×1.20mm
前隔板支撑、主环斜撑 电车:传动系统部件	圆管 25.4mm×1.20mm 或圆管 25.0mm×1.50mm

备注1 以下情况是规则所允许的：

使用表格中规定的外径但壁厚更厚；

使用表格中规定的壁厚但外径更大；

使用表格中规定尺寸(或更大)的方管代替圆管；

允许管存在尺寸公差。

备注2 在SES中提交的用于计算钢材性能的最低标准不能低于以下值：

弯曲和屈服强度计算：杨氏模量$(E)=200$GPa(29 000ksi)；屈服强度$(S_y)=305$MPa(44.2ksi)；极限强度$(S_u)=365$MPa(52.9ksi)。

焊接单体壳连接点或焊接钢管焊点计算：屈服强度$(S_y)=180$MPa(26ksi)；极限强度$(S_u)=300$MPa(43.5ksi)。

当管件需要焊接加强时(如用于加强位于管件上的螺栓孔的焊接材料，或用于加强悬架安装切口的焊接材料)，原管件应使用原有的冷轧强度计算，焊接加强材料应使用焊点材料强度计算。

备注3 所有外径小于25.0mm或壁厚小于1.20mm(约0.047in)的钢管不认为具有结构性，在评定是否符合规则时不予考虑。

备注4 当管件需要焊接加强时(如用于加强位于管件上的螺栓孔的焊接材料，或用于加强悬架安装切口的焊接材料)，原管件应使用原有的冷轧强度计算，焊接加强材料应使用焊点材料强度计算。

2. 低碳钢与合金钢

绝大多数车队在选择车架材料时会选择低碳钢或合金钢作为车架管材，两者具有很多优点。

低碳钢为碳含量低于0.25%的碳素钢，因其强度低、硬度低而软，故又称软钢。它包括大部分普通碳素结构钢和一部分优质碳素结构钢，大多不经热处理就可用于工程结构件，有的经渗碳和其他热处理后用于要求耐磨的机械零件。

低碳钢(图2.2)退火组织为铁素体和少量珠光体，其强度和硬度较低，塑性和韧性较好。因此，其冷成形性良好，可采用卷边、折弯、冲压等方法进行冷成形。这种钢还具有良好的焊接性。含碳量从0.10%~0.30%的低碳钢易于进行各种加工，如锻造、焊接和切削，常用于制造链条、铆钉、螺栓、轴等。低碳钢一般轧成角钢、槽钢、工字钢、钢管、钢带或钢板，用于制作各种建筑构件、容器、箱体、炉体和农机具等。优质低碳钢可轧成薄板，用于制作汽车驾驶室、发动机罩等深冲制品；还可轧成棒材，用于制作强度要求不高的机械零件。低碳钢在使用前一般不经热处理，碳含量在0.15%以上的低碳钢经渗碳或氰化处理后，用于制作要求表层温度高、耐磨性好的轴、轴套、链轮等零件。

合金钢(图2.3)里除铁、碳元素外，还加入了其他合金元素。在普通碳素钢基础上添加适量的一种或多种合金元素可构成铁碳合金。根据添加元素的不同，并采取适当的加工工艺,可获得高强度、高韧性、耐磨、耐腐蚀、耐低温、耐高温、无磁性等特殊性能。合金钢的主要合金元素有硅、锰、铬、镍、钼、钨、钒、钛、铌、锆、钴、铝、铜、硼、稀土等。其中钒、钛、铌、锆等在钢中是强碳化物形成元素,只要有足够的碳,在适当条件下,就能形成各自的碳化物,当缺碳或在高温条件下,则以原子状态进入固溶体中;锰、铬、钨、钼为碳化物形成元素,其中一部分以原子状态进入固溶体中,另一部分形成置换式合金渗碳体;铝、铜、镍、钴、硅等是不形成碳化物元素,一般以原子状态存在于固溶体中。

图 2.2　Q235 低碳钢

图 2.3　4130 合金钢

低碳钢具有良好的焊接性。低碳钢有较大的时效倾向,既有淬火时效倾向,还有形变时效倾向。合金钢根据添加元素的不同,并采取适当的加工工艺,可获得高强度、高韧性、耐磨、耐腐蚀、耐低温、耐高温、无磁性等特殊性能。合金钢可用于制作弹簧材料、滚动轴承、量具材料、抗腐蚀材料、耐热材料、低温材料(专用钢为镍钢)。合金钢的力学性能远高于低碳钢,虽然焊接性能不是很好,但只要焊前做好预热,在当下的焊接工艺下完全可以保证性能。

3. 其他材料的替代管件

规则第二章第三节 3.7.1、3.7.2、3.8.1、3.8.2 给出了其他材料的替代管件。

3.7.1　铝管

a. 最小壁厚:3mm(约 0.118in)。

b. 如果铝管在焊接后经过了热处理和时效处理来提高其焊接后的强度,车队必须出示充分的文件来说明整个处理过程,其中包括(但不仅限于)所用的热处理设备、采用的过程,以及装夹方法。

3.7.2　钛、镁管

a. 最小厚度:1.2mm 的钛管。

b. 最小厚度:3.0mm 的镁管。

c. 焊接过的钛、镁材料不允许适用于任何基本结构。

3.8 复合材料

3.8.1 如果使用复合材料或其他材料,车队必须提供材料类型文件,例如:购买发票、运输单据或者捐献信,以及材料的特性。复合材料的层布技术细节和使用过的结构材料(材料类型、质量、树脂类型、层数、核心材料、表面材料(金属))的说明文件必须提交。车队必须提交相关计算过程,以证明所用的复合材料结构与符合第二章3.4.1最低要求的钢管构成的类似结构等同。等同计算结果中必须包括能源耗散量和在弯曲、扭转和拉伸时的屈服强度和极限强度。提交完成的结构等同性表格,参见第二章3.9。

3.8.2 复合材料不允许在主环和前环中使用。

4. 结构相关文件

无论采用何种材料和形式,都要进行等同性计算以证明安全性,因此规则规定:所有的等同性计算必须证明车队所用结构与SAE,AISI 1010所构成的结构性能等同。SAE 1010是一种优质碳素结构钢,其性能接近于国标低碳钢10钢,为了简化计算,结构相关文件中已经拟好了等同性计算方法与公式,只需填写数值即可。

规则第二章第三节3.9要求参赛队伍必须提交一份结构等同性表格(SES)。

3.9 结构相关文件(SES 或 SRCF 报告)

所有的等同性计算必须证明车队所使用的材料与SAE/AISI 1010中钢材的特性等同。

3.9.1 所有车队须提交一份结构等同性表格(SES)和一份结构等同性3D模型(SE3D)。结构等同性3D模型(SE3D)必须包含一个桁架结构/单体壳的3D模型,模型需要包含所有主体结构、所有防滚架及防滚架斜撑机械连接点细节,并以IGES格式提交,文件小于40MB。

遵从第三章"替代车架规则"的队伍必须提交一份结构要求认证表(SRCF)(参见第三章第二节)。

2.2 车架的结构设计

结构设计是整个车架设计的关键,只有合理的结构才能让材料发挥最好的性能,才能最大限度减轻车架的质量,达到轻量化的目的[8]。

1. 初步建模

赛车是一个整体,车架设计过程中要依附于整车,考虑整车的基本参数和其他系统的布置。在赛季初,车队会有一个总体的设计方案,通过优化之前的问题,继承以往的优秀设计,从而确定车架的部分参数,这些参数有些只是参考的,后面会进行修改。

例如,可以确定的参数有:

车架的总长、前舱、驾驶舱、发动机舱的长度

前环和主环的高度,满载时的离地间隙
车架的裸重
前环和主环与地面垂直还是倾斜
……
有了以上参数就可以进行车架的初步建模。

选择合适的建模软件有利于设计和修改,常用的有 UG、CATIA、SolidWorks 等软件。推荐使用 UG 10.0 版本进行建模。

车架的建模是以悬架的硬点为基础,坐标系要与悬架的坐标系即整车的坐标系一致。先建关键平面(图 2.4),再建关键直线或关键点,然后将节点自然连接在一起,即可构建车架的空间直线系(图 2.5),最后生成管道并进行坡口处理,即完成初步建模。车架空间杆系见图 2.6。

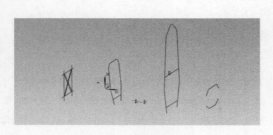

图 2.4 建立关键平面

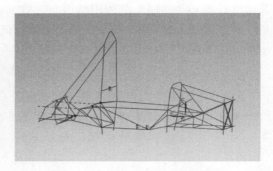

图 2.5 连接成的车架空间直线系

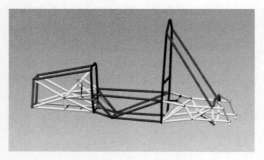

图 2.6 车架空间杆系(不同颜色表示不同尺寸的管道)(见文前彩图)

2. 坡口处理

车架大致成型后,还有细节需要处理,各管在节点处均存在干涉,这是因为每根管子都是圆柱体,中心线相交,而圆柱体外形线则相贯,所以大部分管子的两端不应是平的,而应该具有相贯线的形状,在加工时这一弧线也将作为焊接的焊缝,即所谓的"坡口"(图 2.7)。

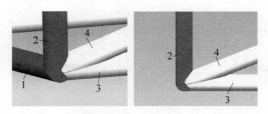

图 2.7 坡口处理

制造坡口时需要对管子进行修剪,这便涉及管子优先级的问题:焊接的位置承受载荷的能力显然不如整体的管道,所以承受载荷要求高的管子应少切割以保证强度,定义它为优先级高的管子。以图2.7为例,给4根相交的管子编号为1、2、3、4,已知1、2号管为前隔板,是车架基准面之一,且防侵隔板与防撞块安装于此,强度与刚度要求最高,故1、2号管优先级高。为加工方便,先设定同一节点横杆的优先级高于竖杆,即1号杆优先级高于2号杆;再看3号杆,它为前悬架上A臂的固定杆,需要承受悬架跳动时传递的动静载荷,对强度和刚度要求也很高,而4号杆是为了满足三角结构规则和加强整体刚度而设的,所以优先级 1>2>3>4。那么修剪时,1号杆不修剪,2号杆以1号杆为基准进行修剪,即2号杆只有与1号杆相贯的弧面,3号管分别与1、2号管做相贯,4号管要对1、2、3号管都做相贯,隐藏掉修剪体,对所有节点做此处理,即可得到每根管子的正确形状。

在实际优先级操作中,会有很多问题,例如有些杆件功能相近,从强度和刚度判断优先级相同,这时应该从加工难度、受力状况等多方面分析,若仍然相近,设计者可以自己拟定优先级,如规定 x、y、z 按正方向优先级增大等,此举是为了方便设计者确认每个节点各杆件的优先级顺序,核心目的是确保每根杆件都有正确的坡口。

3. 车架结构设计

可以把车架分为前舱、驾驶舱、发动机舱三个部分进行设计。

1)车架前舱

车架前舱指的是前隔板到前环之间的部分,也称为前鼻或前框。与前鼻连接的零部件有前悬上下A臂、踏板、转向器等,它们需要承受悬架跳动、车轮冲击、踏板载荷以及可能出现的正面撞击等多种载荷,所以需要进行合理设计。规则中"点对点三角结构"规定:将车架结构投影到一个平面上,在此平面内施加一个任意方向的载荷到任意节点,只会导致车架管件受到拉伸力或是压缩力,也称为"正确三角结构",如图2.8所示。这么做能保证在节点上不会产生对任意杆件的弯矩导致杆弯曲变形,是强度和刚度的有力保证,也是在整个车架设计中需要遵守的重要规则。

如图2.9所示为典型车架前鼻部分,根据规则可知前环是主要承载部位,所以采用外径×壁厚为 25.4mm×2.4mm 的杆件,用红色(深色)标出;同样根据规则前隔板用 25.4mm×1.6mm 的杆件,用白色(浅色)标出。可以看到侧面也有4根标注为白色同壁厚的杆件,这

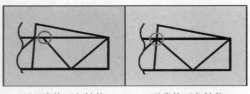

不正确的三角结构　　　正确的三角结构

图 2.8　车架三角结构

4 根杆件是前悬架上下 A 臂的安装杆,直接承受悬架跳动载荷,所以选用壁厚较厚的管件,其他杆件的载荷相对较小,即选用 25.4mm×1.25mm 的杆件。可以看到前鼻侧面杆件中心线均相交于同一节点,这便是"点对点三角结构"的体现。

图 2.9　车架前舱和前舱内部(见文前彩图)

前鼻的设计要根据前悬、踏板、转向等各个系统的设计形式和定位而定,其他用于连接和加强的结构杆只需符合规则和强度要求。

2) 驾驶舱

驾驶舱指的是主环、前环和侧边防撞结构构成的舱体,即承载驾驶员的主要单元。因此需要承载能力较高的管件,基本采用 25.4mm×1.65mm 的钢管,这也是规则的最低要求。图 2.10 为驾驶舱结构。

驾驶舱管件较少,结构简单,但是也要符合规则的要求,建模时要注意比对规则。现以驾驶舱开口与驾驶舱横截面规则(第二章第四节 4.1.1、4.1.2 和 4.2.1)为例:

4.1.1　为了保证驾驶舱的开口有足够的尺寸,图 2.14 所示的模板将被放入驾驶舱内来测试其开口的尺寸。模板须保持以水平姿态竖直地向下放入驾驶舱,直至通过上部侧边防撞杆的最低点以下的 25mm 处,或者直至单体壳驾驶舱最

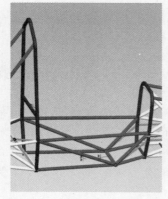

图 2.10　车架驾驶舱
(见文前彩图)

低点向上320mm的高度。模板的前后移动在测试中是允许的。

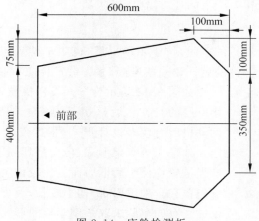

图 2.14 座舱检测板

4.1.2 在该项测试中，方向盘、转向柱、座椅和全部防护包裹物都可被拆除。换挡或换挡机构不能移除，除非它和方向盘整合在一起，并且能随其被移除。防火墙不能移动也不能拆除。

备注：在实际检查中，转向柱不会被拆除。技术裁判会在转向柱轴（而不是转向柱支撑）周围用检测板检查。为了易于检测，检测板可在转向柱可穿过的前中央处包含一个凹槽。

4.2.1 技术图例图 2.15 所示的模板被放入驾驶舱内来测试其内部空间的横截面尺寸。模板将以竖直的姿态沿水平方向放入驾驶舱，直至到达距离踏板后端面（可调节的踏板必须位于车头最前端的位置，且踏板未被踩踏）之后 100mm（约 3.937in）处的位置。

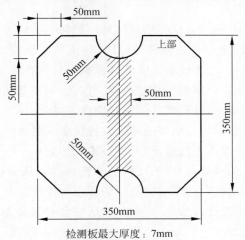

检测板最大厚度：7mm

图 2.15 前舱检测板

为了保证遵守规则，可直接在对应位置建立检测板模型，目测或用相关命令检测不出现干涉即可，检测板周围应留有一定的加工余量，以防加工变形。

3）车架发动机舱

发动机舱，即放置发动机的空间，位于主环以后，也叫车架后舱，由后悬架上下A臂固定杆，此外还有固定传动部件的后框和一些连接杆，肩带安装杆和主环斜撑等结构。

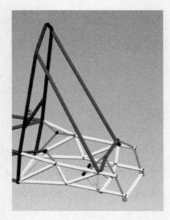

图 2.11　发动机舱
（见文前彩图）

如图 2.11 所示为车架发动机舱，根据规则要求选用了最小壁厚的管件。后框用于连接悬架安装杆、固定传动位置。发动机舱有较多设计形式，根据发动机的型号和悬架硬点而定。如采用短车架形式，传动吊耳固定在后框杆件上，传动轴和大链轮均位于后框后面。比较传统的方式是将整个传动系统包覆在车架里面，结构上较长，故称为长车架。

还有的车队采取了副车架的形式。副车架取消了后框和悬架安装杆，直接将悬架和传动系统用螺栓连接到副车架上，固定吊耳的位置可以在副车架平面上任取，而不像钢管车架吊耳那样必须依靠车架保证位置，从而提高了定位精度，而且用一个铝制框架代替若干根钢制车架管，无疑能减重不少。如果再大胆一些，可以将后减振、防倾杆甚至发动机悬架装置一并固定到副车架上，以方便拆卸和维修。但是副车架也有设计和加工难度大及成本高的缺点，需要有一定的调研和技术储备。

2.3　车架的仿真优化

大多数车队的赛车车架结构为空间桁架结构，材料采用 4130 无缝钢管，以氩弧焊工艺焊接成型。由于经验有限、能力不足等多种原因，各车队的钢管车架往往有较大的设计冗余，需要通过仿真优化分析其整体性能并降低其质量。为提高赛车的动力性，要求赛车车架在满足强度、刚度的前提下尽可能减轻自身质量。因此，对车架进行适当的仿真优化，可以最大限度地提高赛车的动力性，并确保其强度和刚度满足要求。

有限元分析的基本概念是用较简单的问题代替复杂问题后再求解。它将求解域理解成由许多称为有限元的、小的互连子域组成，对每一单元假定一个合适的（较简单的）近似解，然后推导求解这个域的总的满足条件（如结构的平衡条件），从而得到问题的解。这个解不是准确解，而是近似解，因为实际问题被较简单的问题所代替。由于大多数实际问题难以得到准确解，而有限元分析不仅计算精度高，而且能适应各种复杂形状，因而成为行之有效的工程分析手段。

1. 车架的几何模型与有限元模型

车架的模型建立需要悬架、转向、传动及发动机等零部件共同配合,在建模的过程中运用了 UG 和 CATIA 两个三维建模软件,车架的几何模型如图 2.12 所示。

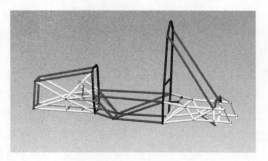

图 2.12 车架的几何模型(见文前彩图)

为进行有限元分析,需要将建好的模型导入有限元软件中进行结构离散、单元分析、方程求解等,常用的有限元分析软件有 LUSAS、MSC、NAS-TRAN、ANSYS、ABAQUS、LMS-SAMTECH 等[9]。其中,ANSYS 是最通用、应用最广的有限元分析软件,其操作简单,适用于结构强度分析,所以基于 ANSYS 建立了有限元模型。各个软件针对特定的领域都有其各自的优势,只要正确使用即可得到接近真实情况的结果。

首先对车架管件进行材料属性设置。因在三维造型软件中以毫米(mm)为单位建立车架三维模型,故将其导入有限元分析软件中时将保持原有尺寸单位。有限元分析软件 ANSYS 中没有关于单位的具体规定,但在分析中需要统一单位,即长度、质量和时间单位统一,由这三者导出的单位可以相互推导。当长度单位为毫米(mm)时,选定质量单位为吨(t)、时间单位为秒(s),由此导出的弹性模量单位为兆帕(MPa),密度单位为吨每立方毫米(t/mm^3)。车架材料为 4130 钢材,即 30CrMo,其弹性模量为 2.11×10^5 MPa,泊松比为 0.3,密度为 7.85×10^{-9} t/mm^3,材料的屈服极限为 785MPa,强度极限为 980MPa。

然后进行网格划分[10]。如图 2.13 所示,在 ANSYS 软件中用梁单元对车架进行网格划分。通常,网格的数量增加时,计算精度会有一定程度的提高,但同时计算规模也会相应地增加,所以在确定网格尺寸时应综合考虑这两个因素[11]。在本例分析过程中,车架线性有限元模型建立的网格尺寸为 5mm,钢管连接处共节点模拟焊接,即将焊点处各部件的节点重合在一起,使得相邻焊件融合一体。

最后进行网格质量检查。如果网格质量不好,会影响有限元分析计算的准确性,甚至会造成计算不收敛。最终车架的有限元模型如图 2.13 所示,它共有 13 468 个节点和 6762 个梁单元[12]。

图 2.13 车架有限元模型

2. 车架扭转刚度仿真分析

车架是赛车的承载基体。车架的扭转刚度过大,将导致轮胎的接地性能变差,车架和悬架系统所承受的载荷变大,并且使整车的通过性能变坏,所以对车身、车架的刚度进行研究是十分必要的[13]。

赛车车架刚度是评价赛车车架性能的一个重要指标,而且车架刚度对车架其他性能如强度、疲劳耐久性和噪声、振动与声振粗糙度(noise,vibration,harshness,NVH)性能也有很大的影响。车架的扭转刚度决定车辆在扭曲路面行驶时悬架硬点的位置精度,是影响赛车性能的重要指标之一,国外大多数参赛车队均将车架的扭转刚度作为车架设计的重点。

在分析车架的扭转刚度时,施加的约束条件(车架前部扭转)为:在车架与后悬架 8 个连接点处施加 x、y、z 3 个方向的平动位移约束;在前悬架与车架连接区域添加 MPC 单元,在单侧 4 个连接点定义的面中间点处施加强位移约束 1mm,通过仿真分析计算该硬点的支反力 F,如图 2.14 所示。

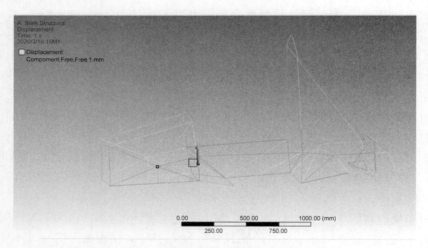

图 2.14 前悬架所受位移约束加载方式

当计算得知支反力 F 后,车架的扭转刚度可通过力学相关理论计算得出[14]。经过有限元分析计算,本车架扭转刚度分析的应力云图如图 2.15 所示,从应力云图可以看出,车架整体应力水平较低,最大应力为 71.176MPa,出现在车架驾驶舱内座椅固定杆与侧边防撞杆的交点处。此处是多个管件连接处,容易出现应力集中,同时由于右侧车架产生方向向上的强制位移,故产生了较大的应力。扭转分析得出的最大应力要小于管件材料美国规格 4130 钢材的屈服极限 785MPa。

3. 模态分析

赛车在赛道上行驶时,路面不平度和发动机振动会对车架产生随机激振,如果车架的某

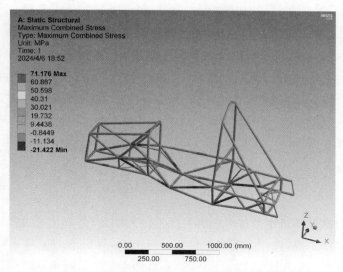

图 2.15　车架扭转刚度分析应力云图（见文前彩图）

一固有频率与激振力的频率吻合，则会产生共振现象，影响赛车的力学性能并可能造成结构破坏[15]。

一般以振动理论为基础，以模态参数为目标的分析方法称为模态分析。模态分析的最终目标是识别出系统的模态参数，为结构系统的振动分析、振动故障诊断和预报、结构动力特性的优化设计提供依据。

根据研究方法和手段的不同，模态分析可以分为理论模态分析和试验模态分析。理论模态分析又可以分为自由模态、安装模态及运行模态分析。自由模态分析是指对车架模型不加任何约束时的模态分析；安装模态分析是指对安装后（含有一些位置上的约束）的车架模型进行的模态分析；而运行模态分析则是指考虑结构的某个实际运动状态下的模态分析。由于与车架连接的悬架和轮胎具有非线性特性，车架的实际边界条件非常复杂，在有限元模态分析中，若施加刚度较大的边界条件，将影响整体模态计算结果[16]。因此，在车架模态分析中采用自由边界条件，即自由模态分析。

在自由模态分析中，车架不受任何的外部载荷和约束。方程式赛车在比赛过程中，发动机激振以及路面激励是最主要的两个激振源。其中路面激励由赛道条件决定，因为方程式赛车主要是在专用赛道上行驶，路面良好，参照国家较好的路面情况，激励大多数在 30Hz 以下。所以，为了避免车架结构发生共振现象，其低阶模态频率应高于 30Hz。发动机的激励频率由发动机的转速决定。参照发动机激励频率计算公式，分别计算赛车处在怠速工况及正常行驶工况下的发动机激励频率，用此来分析发动机主要的振动频率范围。

发动机激励频率＝2×发动机缸数×发动机转速/（发动机冲程数×60）

HQU-09 选用的发动机为本田 CBR600 四冲程四缸发动机，发动机怠速转速为 1000r/min，发动机最大功率转速为 11 000r/min，通过计算得出发动机怠速时的激励频率为

33.3Hz；发动机常用工作转速为5000～11 000r/min，相应的发动机激励频率为167～367Hz。由于此发动机转速升高极快，从怠速状态转为工作状态的时间极短，故所设计的车架各阶次振动频率应该为33.3～167Hz，以避开发动机爆发频率，进而减少共振现象。

由于自由模态分析得出的前6阶模态为刚体模态，频率为0，故选取车架7～10阶模态固有频率。一般来说，结构的前几阶次振动容易被激发出来，较好地表现了结构的整体性能；振动阶次越高，越不容易被激发出来，振动的能量越低。因此，选取7～10阶次的振动频率和振型来表达车架振动特性是足够的。

2.4　车架的焊接定位

车架不是停留在计算机中的或者印在纸面上的模型，而是要加工成实体，设计只是第一步。通过良好的加工手段，使其与模型的误差尽可能小，可以给装配带来很多方便，而且有利于整车接近设计目标。对于钢管车架，比较先进的加工工艺是氩弧焊焊接成型，焊接误差主要有焊接坡口弧度误差、空间位置误差和焊接热变形误差等。需要通过合适的焊接定位方法来减小误差以保证质量。目前国内大多数车队采用夹具定位，夹具的材料、形式等多种多样，主要介绍铝型材夹具和焊接平台。

铝型材夹具通过铝型材和夹块将车架固定到焊接平台，整体固定结果如图2.16所示。

图2.16　铝型材和焊接平台固定车架

工业铝型材通过热熔、挤压等方式获得不同截面形状,具有很高的加工精度和装配精度,故可装配成框架作为车架的定位基准。但是,铝型材夹具也有无法弥补的缺点。首先,整套铝型材夹具的精准是相对于某个定位基准的精准,例如实际操作中的焊接平台等很精确的平面,可以当作基准平面,如果直接将铝型材放到不太平的地面上,铝型材的精准也就无从谈起了。另外,铝型材只是消除了装配误差,如果因测量不准确带来较大的测量误差,那么累积误差也会很大,同样达不到给车架精确焊接定位的效果。

第 3 章 悬　　架

3.1 概　　述

悬架是汽车的车架(或承载式车身)与车桥(或车轮)之间的一切传力连接装置的总称,其作用是传递作用在车轮和车架之间的力和力矩,并且缓冲由不平路面传给车架或车身的冲击力,并减少由此引起的振动,以保证汽车能平顺地行驶[17]。

对于 FSAE 赛车而言,悬架的作用主要是保证赛车过弯时的操纵稳定性,使轮胎充分发挥附着力,而对舒适度要求不高。悬架一般包含了弹性元件、减振器、导向机构及横向稳定杆。

1. 独立悬架

悬架可以分为独立悬架、非独立悬架两类,如图 3.1 所示。非独立悬架的车轮装在一根整体车轴的两端,当一侧车轮跳动时,另一侧车轮也会相应跳动,那么就会使整个车身振动或倾斜。而独立悬架的车轴则分成两段,每只车轮由螺旋弹簧独立安装在车架下面,当一侧车轮发生跳动时,另一侧车轮不受影响,两侧的车轮可以相对独立运动,从而提高了汽车的平稳性和舒适性[17]。

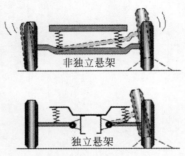

图 3.1　非独立悬架与独立悬架

常见的独立悬架有麦弗逊式、双横臂式、多连杆式等。

如图3.2所示,麦弗逊式悬架由螺旋弹簧、减振器、三角形下摆臂组成,绝大部分车型还会加上横向稳定杆。麦弗逊式悬架的特点为结构紧凑,在使用期内前轮定位变化较小,簧下质量较轻,但是对左右方向的冲击缺乏阻挡力,抗制动点头作用较差,悬架刚度较弱,稳定性差,转弯侧倾明显。所以麦弗逊式悬架一般多用于家用车,但不适合赛车的要求。

多连杆式独立悬架一般是以3~5个连杆作为导向机构的独立悬架,如图3.3所示为5连杆式悬架(控制臂、后置定位臂、上臂、下臂、前置定位臂)。

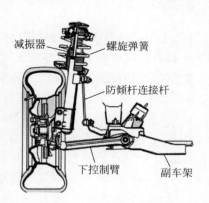

图3.2 麦弗逊式悬架

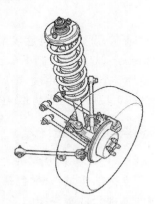

图3.3 5连杆式悬架

双横臂式独立悬架的减振器没有横向载荷,而且上端高度较低,有利于降低车头的高度,改进车身造型。考虑到不等长双横臂应用于赛车时操纵稳定性高、结构紧凑占用空间小、质量轻,一般高端跑车或者赛车都会采用该方式的悬架。如图3.4所示为不等长双横臂式悬架[18]。

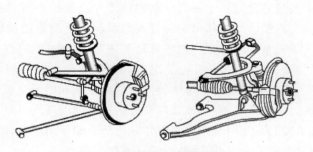

图3.4 不等长双横臂式悬架

2. FSAE赛车悬架结构

FSAE赛车的悬架一般采用不等长双横臂结合推拉杆的布置结构,如图3.5所示为后悬架,由上横臂(上A臂)、下横臂(下A臂)、推杆(拉杆)、摇块、减振器、防倾杆等组成。

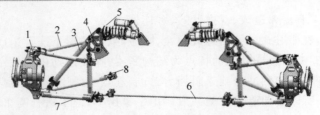

1—轮边；2—上 A 臂；3—推杆；4—摇块；5—减振器；
6—防倾杆；7—后束拉杆；8—下 A 臂。
图 3.5　不等长双横臂式悬架结构的后悬架

如图 3.5 所示，上、下 A 臂连接车架与轮边，两个 A 臂与轮边立柱连接的球链连接点的连线为主销(kingpin)，双横臂限制了车轮两个方向的平移自由度及两个转动自由度，而后束拉杆又限制了车轮的一个转动自由度，则后轮只有一个方向的平移自由度(车轮上下跳动自由度)。由于把固定的后束拉杆换为活动的转向拉杆，前轮则相比后轮多一个绕主销转动的自由度。

3. 簧上质量与簧下质量

对于一辆车，可以将其分成簧上质量和簧下质量两个部分。簧上质量是由悬架系统中的弹性元件所支撑的质量，一般包括车架、动力系统、传动装置、乘员等。簧下质量是指不由悬架系统中的弹性元件所支撑的质量。

通常而言，轮胎、轮辋、制动盘，这些部件可以等效为 100% 的簧下质量。传动半轴、悬架的上下摆臂，则可以粗略等效为 50% 的簧下质量，可以理解为在接近轮边的一侧趋近等效 100% 的簧下质量，而在接近车身的一侧，则趋近等效 100% 的簧上质量。对于机簧一体式减振器而言，阻尼器与弹簧大约能够等效 36% 的簧下质量；对于一般的 FSAE 赛车而言，由于利用摇块布置减振器使其完全安装在车架上，这种方式的摇块、减振器不等效簧下质量。

簧上质量与簧下质量的比例对于一辆汽车的稳定性及操控性有着重要的影响，这是汽车工程经过数十年的实践经验所总结出的。簧上质量与簧下质量的比值当然是越大越好，就是说实际设计中簧下质量越小越好。轮组及悬架摆臂的质量减轻，惯性也就变小，上下的跳动也因此而更加活跃。在面对多种复杂工况的轮胎能获得更快的响应，能够更加贴近地面，稳定性及操控性自然就能提高。在车辆转向时悬架压缩和回弹会更加迅速，车辆转向响应因此变得更加灵敏。簧下质量越小，改变制动方向的时间就越短(响应速度提升)，就会造成对路面起伏的"跟踪"能力提升，悬架也会更主动地将轮胎压向地面，减少轮胎跳动离地的时间，这样的底盘表现出非常受控、贴近路面的可靠操控感。

3.2　车轮定位参数

四轮定位包括主销后倾、主销内倾、车轮外倾和车轮前束 4 个内容。在民用车与赛车的设计中车轮定位角度参数有很大区别，因此需要充分认识不同参数取值的影响。

1. 车轮外倾角

车轮外倾角(camber angle)是指所处平面和纵向垂直平面间的夹角,如图 3.6 所示,其端面向外倾斜为正的外倾角,向内倾斜则为负的外倾角。家用车一般采用正外倾角的设计,这样的倾角有利于转向时减少偏移量以减少转向节的负荷,防止重载时车桥变形造成车轮内倾。而赛车的车轮外倾角一般为负值,主要是因为赛车在高速过弯时需要负外倾角弥补由离心力引起的车轮外倾。一般 FSAE 赛车外倾角取值为 $-3°\sim0°$,而且采用在主销与轮边连接处添加垫片的方式调节车轮外倾角以便实测调试。

2. 主销内倾角与主销偏移距

主销内倾角,是指汽车转向节主销轴线(或独立悬架的上摆臂球销与下摆臂球销中心的连接线)与铅垂线在垂直于车辆纵向对称平面的平面上的投影锐角。如图 3.7 所示,β 为主销内倾角。当车轮以主销为中心回转时,车轮的最低点将陷入路面以下,这样汽车本身的重力有使转向车轮回复到原来中间位置的效应,也就是回正力矩使转向复位,若 β 取值过大就会使得转向沉重,过小则回正效应不足,β 一般取值为 $3°\sim7°$。

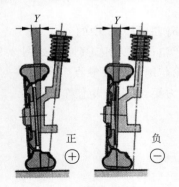

图 3.6 车轮外倾角

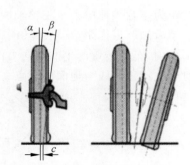

图 3.7 主销内倾角与主销偏移距

主销偏移距,是指主销(即转向轴线)与地面的交点到轮胎接地中心的距离。图 3.7 中的 c 为主销偏移距,主销偏移距有正负之分。地面对转向的阻力力矩,与主销偏移距的大小成正比。主销偏移距越小,转向阻力矩也越小。主销轴线与地面交点的位置在车轮内侧的为正,在外侧的为负。主销偏移距选用负值的目的是防止制动跑偏。如左前轮制动力大于右前轮时,汽车本应向左跑偏,但由于主销偏移距为负,制动力作用点在主销内侧,左右制动力之差将使前轮绕主销向右偏转,从而抵消制动跑偏,提高了制动的稳定性。

3. 主销后倾角与拖距

主销后倾角是主销轴线和地面垂线在汽车纵向平面内的夹角,如图 3.8 所示,主销后倾

角 γ 为正,其作用为保持汽车直线行驶的稳定性,并促使转弯后的前轮自动回正。赛车的 γ 一般取值为 $2°\sim6°$。

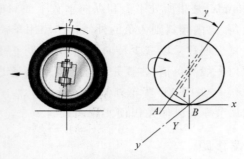

图 3.8 主销侧视简图

拖距一般可分为三种,即轮胎拖距、地面拖距和真实拖距。轮胎拖距(气动拖距)是当轮胎发生侧偏现象时其侧偏力合力的作用点与轮胎接地印迹几何中心的偏移距离,也可以认为是轮胎发生侧偏现象时所产生的回正力矩的力臂。

地面拖距(机械拖距)为主销延长线与地面的交点,如图 3.8 中的 A 点至车轮接地中心 B 点的距离。

真实拖距为车轮接地中心至主销轴线的垂直距离,即图 3.8 中的 l。

由于主销后倾产生拖距,车辆在转向工况下会产生回正力矩,其原理如图 3.9 所示,在前轮纵向平面内,车辆转弯产生的侧向力作用于车轮与地面的接触点(等效为一点)b,这个侧向力相对于主销延长线与地面的交点 a 产生一个力矩,这个力矩使车轮回正。

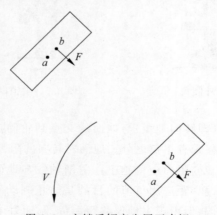

图 3.9 主销后倾产生回正力矩

4. 车轮前束

前束是指前轮前端面与后端面在汽车横向方向的距离差,也可指车身前进方向与前轮平面之间的夹角,此时也称前束角。如图3.10所示,Ψ为正前束角,俯视呈"内八字",负前束则为"外八字"。规则2.1中所述赛车一般采用正车轮内倾,赛车在滚动时有向内滚动的趋势,负前束可以减少轮胎的边滚边滑。而赛车后轮会设计为"内八字",主要是改善后驱赛车不足转向的问题。但后束一般不宜过大,否则会导致直线行驶时车身不稳,后束取值为$0°\sim1°$。

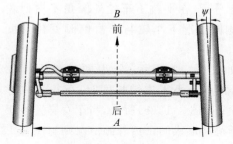

图 3.10 车轮前束角

3.3 悬架几何

悬架几何广义上是指如何把簧下质量与簧上质量连接[19]。这些连接不仅决定它们之间的相对运动,还控制它们之间力的传递。任何特定的几何设计都必须是为了配合特定的车型,不存在最好的几何结构。

1. 瞬心

如图3.11所示,当连接球头销和控制臂轴套并将它们的投影相交在一个面上,上下控制臂都作这样一条线,两条线通常先相交在一点。这个交点就是这个杆系的瞬心(instantaneous center,IC)。从瞬心向车轮作垂线所形成的线段为等效臂。如果作了这个

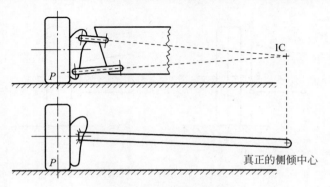

图 3.11 悬架瞬心与等效臂

投影,在正视图中的瞬心就确定了车轮外倾角变化率,一部分侧倾中心数据(信息),主销运动和决定转向特性所需要的数据。通常来说,在悬架平跳工况下,越长的等效臂,随着车轮跳动,车轮定位参数以及轮距变化量越小,但侧倾中心高度的变化量越大。

平行等长双横臂悬架如图 3.12 所示,在这种情况下 IC 处于无下限远而侧倾中心位于地下,由于导向机构为一个平行四边形机构,车轮与车身姿态始终平行,在平跳下车轮外倾角不变但轮距侧倾中心变化很大,在侧倾工况下车轮与车身侧倾变化角度一样。

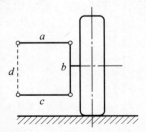

图 3.12 平行等长双横臂

不平行等长双横臂如图 3.13 所示,分为两种情况。如图 3.13(a)所示,当车身悬置点矩小于主销长度时,车轮上跳形成负外倾,回跳形成正外倾;如图 3.13(b)所示,当车身悬置点矩大于主销长度时,车轮上下跳动形成的正负外倾情况则与图 3.13(a)相反。

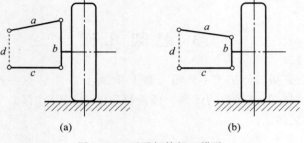

图 3.13 不平行等长双横臂

不等长非平行双横臂如图 3.14 所示,有两种情况。如图 3.14(a)所示,当上横臂长度小于下横臂时,车轮上跳形成负外倾,回跳形成正外倾;如图 3.14(b)所示,当上横臂长度大于下横臂时,车轮上下跳动形成的正负外倾情况则与图 3.14(a)相反。

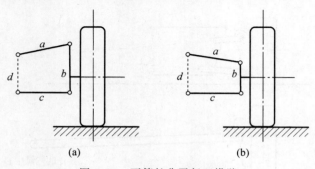

图 3.14 不等长非平行双横臂

对于赛车来说需要在车轮上下跳动时尽量减少悬架各个参数的变化,车轮上跳时需要车轮偏内倾以增加过弯时外侧上跳车轮附着力,提高过弯极限,再考虑到空间布置,所以一般赛车采用图 3.14(a)所示不等长非平行双横臂方式。

2. 侧倾中心

对于一般左右对称的不等长双横臂式悬架,侧倾中心是通过投影从车轮接地面中心到正视图瞬心作连线建立的,如图 3.15(a)所示。在车的每一侧都重复作连线。这两条连线的交点就是这辆车簧上质量相对地面的侧倾中心。如图 3.15(b)所示,侧倾中心不是必须在车的中心线上,特别是在非对称的悬架几何上或是假设车在转向侧倾时。很明显侧倾中心高于或低于地面是受到瞬心的高度控制的,其中包括轮胎瞬心的位置,瞬心是在轮胎接地点的内侧还是外侧。

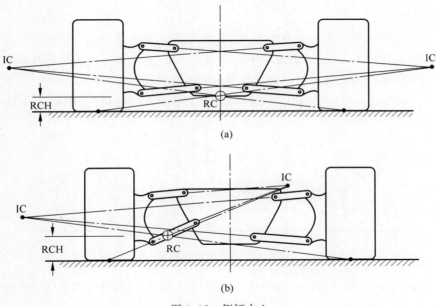

图 3.15 侧倾中心

侧倾中心意义:侧倾中心就是车辆发生侧倾时,在车轮接触地面的前提下,车辆侧倾旋转的中心,可以理解为车辆绕侧倾中心转动。侧倾中心在地面以上时由车轮传来的侧向力会在瞬心产生一个力矩。这个力矩向下压轮胎的同时向上抬簧上质量,如图 3.16 所示,侧向力 F_v 作用在重心(centre of gravity,CG)上,以侧倾中心(roll center,RC)为支点形成力矩 T_1 从而使地面对车轮支持力发生变化,N_1 增大,N_2 减小,但 N_1 与 N_2 总力不变。这是对载荷转移的最简单解释,具体还要有侧向力、重心变化相对侧倾中心产生的力矩对 N_1、N_2 的影响。

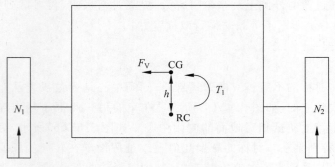

图 3.16 载荷转移

3. 纵倾中心

纵倾中心是悬架在纵向平面的瞬心,如图 3.17 所示为测定方法。纵倾中心的位置决定了车辆的一些抗反能力,抗反能力是悬架上的一个术语,它指的是簧上质量和簧下质量上垂直力和纵向力的连接。它仅仅与侧视图摆臂的倾斜和角度有关,对于后驱赛车,其中包括制动抵抗点头效力(anti-dive)、加速时抵抗抬头效力(anti-squat)、制动时后悬抵抗抬头效力(anti-lift)。

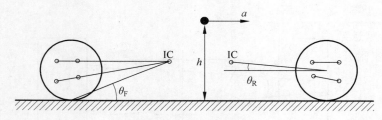

图 3.17 纵倾抗反特性

抗前俯率 η_d 由式(3.1)确定,取值是 0 则表示没有抗前俯特性,取值 100% 则表示车辆完全不会有前俯点头。

$$\eta_d = \frac{\beta L}{h} \tan\theta_F \times 100\% \tag{3.1}$$

式中,β 为前制动分配比;L 为轴距;h 为重心高度;θ_F 如图 3.17 所示。

抗后仰率 η_s 由式(3.2)确定

$$\eta_s = \frac{L}{h} \tan\theta_R \times 100\% \tag{3.2}$$

式中,L 为轴距;h 为重心高度;θ_R 如图 3.17 所示。

在设计抗前俯率时需要考虑车辆的工况以及实际需求,其取值与赛车具体点头量有关。一般来说,FSAE 赛车的悬架刚度较硬,点头现象相比普通车辆没这么严重;相对无抗反特性悬架,抗反特性悬架的车架耳片的定位难度很大;抗反特性悬架在车辆上下跳动时主销后倾角变化大,抗反特性悬架杆系的受力更为恶劣,对悬架杆件以及轴承的要求比较高。因此FSAE赛车悬架一般比较少采用抗反特性悬架或者采用抗反率较小的悬架[20]。

3.4 刚 度

赛车悬架刚度比一般乘用车的刚度要大很多,这是牺牲了低软悬架的舒适性来增加硬悬架的操控性。

1. 偏频

偏频是指赛车前后车身的固有频率[21],计算公式为

$$\eta_{F,R} = \frac{1}{2\pi}\sqrt{\frac{k_{F,R}}{m_{F,R}}} \tag{3.3}$$

式中,η_F、η_R 为前、后偏频;k_F、k_R 为前、后悬架刚度;m_F、m_R 为前、后簧上质量。根据相关资料以及FSAE经验,可以得出以下结论:

偏频高	悬架硬	底盘响应快、操纵性好	控制车辆重心、底盘响应快
偏频低	悬架软	平顺性好、附着力大	缓和路面冲击,接地性增强

FSAE赛车悬架偏频选取范围在2.0~5.0。对于附升力适中的赛车,偏频选取在1.5~3.0,对于附升力较大的赛车,偏频选取在3.0~5.0。

对于赛车偏频的选取,前后悬架不宜一致,主要是为了避免共振。悬架偏频前高后低是基于性能的考虑;悬架偏频前低后高是基于平顺性的考虑。

2. 悬架刚度

一般悬架线刚度由赛车目标偏频根据式(3.3)计算得到。

悬架线刚度(也叫悬架刚度)K_T与轮胎刚度K_W、乘适刚度K_R都是垂直载荷与变形位移量的比值,单位为kN/m。轮胎刚度定义是以轮胎为对象,垂直施加的载荷与轮胎垂直变形位移量的比值。悬架线刚度是悬架受到的垂直载荷与车轮中心相对于车身垂直位移量的比值。乘适刚度是指悬架受到的垂直载荷与轮胎接地面相对于车身位移量的比值。

一般可以认为悬架和轮胎为一个串联系统,则轮胎刚度是与悬架刚度串联的,乘适刚度则是这两个刚度串联相加,计算公式为

$$K_R = \frac{K_T K_W}{K_W + K_T} \tag{3.4}$$

另外,悬架线刚度K_W可以由悬架线刚度K_W与弹簧刚度的传递比关系得出。如图3.18所示,传递比定义为车轮跳动时车轮中心的行程的导数与弹簧行程的导数的比值。

其具体公式为

$$MR = \frac{s_2}{s_1} \tag{3.5}$$

$$K_W = \frac{K_s}{MR^2} \tag{3.6}$$

式中,s_1、s_2 分别为弹簧位移与轮胎位移;K_S、K_W 分别为轮胎刚度与弹簧刚度。

一般来说,通过计算悬架拉(推)杆与摇块传递比计算具体的悬架传递比,如式(3.7)所示。

如图 3.19 所示,x_1、x_2 为推杆连接的 A 臂的长度,θ 为推杆与 A 臂的夹角;i 代表摇块的传递比,则悬架传递比公式为

$$\frac{1}{MR} = \frac{x_2}{(x_1 + x_2)i} \sin\theta \tag{3.7}$$

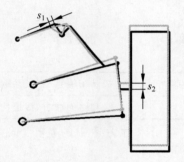

图 3.18 悬架传递比$\left(\text{浅色 } MR = \frac{s_2}{s_1} \text{ 表示上跳位移}\right)$

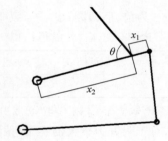

图 3.19 悬架杆系

3. 阻尼计算

如果一个弹簧系统在没有任何阻尼的情况下,在受到扰动后会按自身固有频率一直无衰减地振动下去,故对一个悬架系统来说必须要有悬架衰减振动。在悬架系统中的减振器有双向阻尼效果:压缩阻尼与回弹阻尼,这两个阻尼力的大小与减振器的压缩与回弹速度成正比,阻尼系数 C 定义为

$$C = \frac{F}{v} \tag{3.8}$$

在无阻尼阶跃系统中逐渐增加阻尼,响应超调量会不断减小直到 0,变为无超调。而让无阻尼系统的超调响应变为无超调的阻尼系数称为临界阻尼系数 C_{cr},C_{cr} 可通过具体参数计算:

$$C_{cr} = 2\sqrt{K_W m_s} \tag{3.9}$$

式中,K_W 为悬架刚度;m_s 为簧上质量。

实际选取的阻尼系数与临界阻尼系数的比值称为阻尼比 ξ，也叫作相对阻尼系数，如式(3.10)所示。其物理意义为：减振器阻尼在与不同刚度和簧上质量的悬架系统匹配时，会产生不同效果。ξ 越大，振动衰减越快，同时又能将较大路面冲击传到车身；ξ 值越小则相反。在实际应用中一般会把压缩行程的阻尼比 ξ_S 调得比伸张行程的阻尼比 ξ_Y 要小，一般乘用车满足 $\xi_Y=(0.25\sim0.5)\xi_S$ 的关系，对于赛车则二者比值要大些。

$$\xi=\frac{C}{C_{cr}} \tag{3.10}$$

4. 侧倾刚度

侧倾梯度一般表达为每单位横向加速度对应车身的侧倾刚度，单位为 $((°)/g)$。不同类型的车对侧倾增益的设计要求不同。一般家用车的侧倾梯度设计值为 $9(°)/g\sim4(°)/g$，跑车的为 $4(°)/g\sim2(°)/g$，方程式赛车的为 $2(°)/g\sim0.5(°)/g$。

侧倾刚度则是指车身在单位侧倾转角下，悬架系统对车身的弹性恢复力矩，单位为 $N\cdot m/(°)$。若悬架线刚度为 K_W，轮距为 B，则在赛车小侧倾工况下，可以计算出侧倾刚度 K_φ。

$$K_\varphi=\frac{1}{4}K_W B^2 \tag{3.11}$$

3.5 悬架结构

FSAE 赛车悬架结构一般包括摇块、悬架 A 臂、推(拉)杆以及各标准件。

1. 悬架控制臂

一般 FSAE 赛车会采用钢管或者碳纤维复合材料作为控制臂的结构材料。如图 3.20 所示，一般来说钢管 A 臂与悬架三端的硬点是通过焊接套连接然后固定焊接的结构。钢管悬架一般采用 4130 无缝钢管以保证其强度要求。

图 3.20　钢悬与钢悬结构零件
(a) 钢悬扇形焊接片；(b) 钢悬焊接套；(c) 钢悬 A 臂

还可使用碳纤维增强树脂复合材料代替钢材制造小型汽车的悬架。碳纤维是一种力学性能优异的新材料，它的密度不到钢的 1/4，抗拉强度却达到钢的 7~9 倍，既很大程度地减轻了簧下质量,又可以保证强度。碳纤维悬架的主要问题在于 A 臂的粘接,一般选用碳纤维管和铝合金接头粘接。粘接部件如图 3.21 所示。

(a)　　　　　　　　(b)

图 3.21　碳纤维悬架与碳纤维悬架零部件

(a) 碳管 A 臂车轮端接头;(b) 碳管 A 臂车架端接头

2. 杆端关节轴承与向心关节轴承

控制臂与车架、立柱的连接点一般为球铰,通常使用杆端关节轴承或者向心关节轴承。杆端关节轴承分为外螺纹杆端关节轴承与内螺纹杆端关节轴承,如图 3.22(a)所示,外螺纹杆端关节轴承自带螺杆直接与 A 臂焊接套或粘接接头连接,内螺纹杆端关节轴承则需要螺杆与内螺纹连接。杆端关节轴承可以通过螺杆调节长短,很多情况下用作推(拉)杆调节配重,但螺纹不宜承受弯矩,否则螺纹会有断裂风险;如图 3.22(b)所示,向心关节轴承无螺杆可以承受弯矩,需要加工轴承套与之配合。

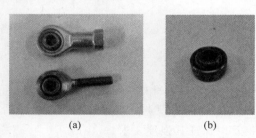

(a)　　　　(b)

图 3.22　杆端关节轴承与向心关节轴承

(a) 杆端关节轴承;(b) 向心关节轴承

第4章 制动系统

制动系统是赛车手踩踏制动踏板使赛车的行驶速度强制降低的一系列专门装置。一套稳定的制动系统对于赛车来说至关重要,不仅关乎车手的安全,而且还是赛车能否发挥其性能的保障。

4.1 制动系统的介绍

1. 适用于制动系统的规则

规则第二章第七节 7.1 给出了制动系统相关规则。

7.1 制动系统—基本要求

赛车必须安装有制动系统。制动系统必须作用于所有四个车轮上,并且通过单一的控制机构控制。

7.1.1 制动系统必须有两套独立的液压制动回路,当某一条回路系统泄漏或失效时,另一条回路至少还可以保证有两个车轮可以维持有效的制动力。每个液压制动回路必须有其专用的储液罐(可以使用独立的储液罐,也可以使用厂家生产的储液罐)。

7.1.2 安装有限滑差速器的车桥,可以仅在差速器单侧使用单个制动器。

7.1.5 禁止使用没有保护的塑料制动管路。

7.1.6 制动系统必须被碎片护罩保护,以防传动系失效、接触任何可移动部件或小碰撞引起的碎片破坏制动系统。

7.1.7 从侧面看,安装在赛车簧上部分上的制动系统的任何部分都不可以低于车架或者单体壳的下表面。

7.1.8 制动踏板以及相关系统组件必须设计能承受至少 2000N 的力而不损坏制动系统、踏板机构、踏板调整机构,且保证除制动系统外的底盘其余部分的完整不损坏。

7.1.10 制动踏板必须由铝合金,钢或者钛加工而成。

7.2.1 赛车的制动系统将被进行动态测试,测试时,赛车将首先在制动测试裁判规定的直道上加速,在直道末端,赛车必须制动至静止,并要求四轮抱死且不跑偏。

2. 制动系统的组成

结合 FSAE 赛事的特点,制动系统由制动踏板、平衡杆、制动主缸、制动管路、制动器等组成,如图 4.1 所示[22]。

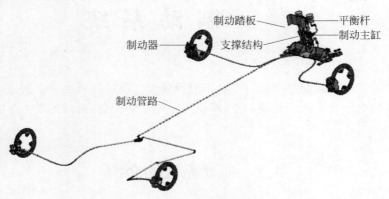

图 4.1 制动系统三维模型

3. 制动回路的布置形式

双轴汽车液压制动驱动机构双回路系统的布置形式分为五种[23],如图 4.2 所示。

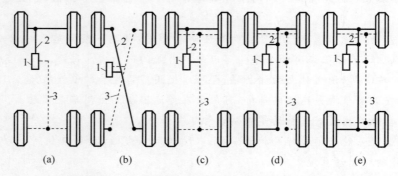

1—制动主缸;2—制动管路的一条分路;3—制动管路的另一条分路。
图 4.2 双轴汽车液压制动驱动机构双回路系统的五种分路方案

因为图 4.2(a)的布置形式最为简单,满足规则里对于制动系统的规定,故选择此种管路布置方式,也称为Ⅱ型。在此基础上添加平衡杆方便调节制动力分配系数。

4. 制动器的选择

当今汽车的制动器按结构不同分为两种：盘式制动器和鼓式制动器[23]。

鼓式制动器有更高的制动因数，但鼓式制动器的力矩性能稳定性比盘式制动器差。而盘式制动器由于制动因数较低，故它需要较高的制动力。与鼓式制动器相比，盘式制动器的热稳定性较好，制动稳定性好，输出相同制动力矩的条件下尺寸更小、质量更轻，摩擦衬块易于更换。所以 FSAE 车队普遍选择盘式制动器。

盘式制动器的制动钳可以布置在车轴的前面或后面，制动钳布置在轴前可避免轮胎向轮内甩溅泥水和污物，布置在轴后可减小制动时轮毂轴承所受到的径向合力。

4.2　制动系统的零件选型

大部分 FSAE 车队需要购置市场上现有的零件，在这些产品的初始参数上确定其他加工件的参数。

1. 制动卡钳

1）工作原理

在制动钳体上有两个液压油缸，其中各装有相同数量的活塞。当制动液进入两个油缸中的活塞外腔时，推动两个活塞向内，将制动块压紧到制动盘上，从而将车轮制动。当放松制动踏板使油液压力减小时，复位弹簧又将制动块及活塞推离制动盘。

2）摩擦衬块

盘式制动器的制动因数较低，需要更大的制动力，所以摩擦衬块的选择就显得格外重要。摩擦衬块材料的选取主要考虑温升对摩擦系数的影响，其影响越小，则摩擦系数越恒定，制动系统就越稳定，制动力就有足够的保证。通常情况下，摩擦衬块的摩擦系数一般在 0.3～0.5，其耐磨性与摩擦系数成反比。摩擦衬块外半径和内半径相差不能过大，不然会使摩擦衬块的内外角速度相差过大，使摩擦衬块内外磨损不均。通过选型采用 29-002-NA 型号的摩擦衬块。

3）卡钳参数

因为车轴前后所需的制动力不同，为避免制动力冗余，降低簧下质量，确定在赛车前轮使用 ISR 22048-OB 卡钳（四活塞卡钳）（图 4.3），后轮使用 ISR 22049 卡钳（双活塞卡钳）（图 4.4），配合的是非石棉摩擦衬块。卡钳参数见表 4.1。

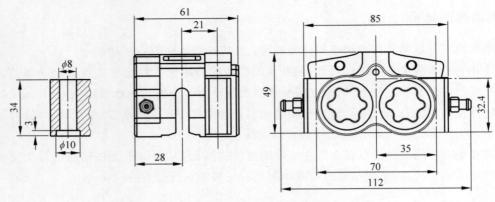

图 4.3 ISR 22048-OB 卡钳

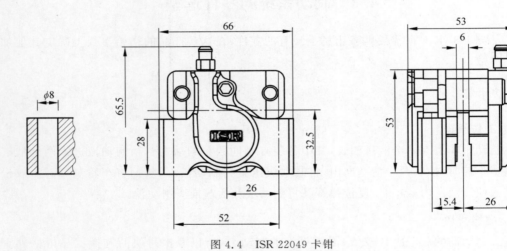

图 4.4 ISR 22049 卡钳

表 4.1 卡钳参数

技 术 参 数	ISR 22048-OB	ISR 22049
活塞直径	25mm(×4)	25mm(×2)
活塞材料	Tufram 涂层铝合金	Tufram 涂层铝合金
摩擦衬块型号	ISR 29-002(×4)	ISR 29-002(×2)
摩擦衬块面积	20.9cm^2	20.9cm^2
摩擦衬块宽度	27mm	27mm
适配制动盘厚度	4.6～5.0mm	3.0～5.0mm
液压螺纹	M10×1.25	M10×1.25
质量(包括摩擦衬块)	0.46kg	0.26kg
表面处理	阳极氧化	阳极氧化

2. 制动主缸

制动主缸的主要作用是推动制动液至前、后制动卡钳之中推动活塞。常用的两种制动主缸的布置方案为卧式主缸和立式主缸[24]。

1）卧式主缸

卧式主缸布置时需要增加赛车的长度，即加长车头长度，这导致转弯半径增大，而FSAE赛事的赛道特点为弯多且直道短，这样的赛车速度显然不会很快，而且增加了赛车过弯的难度，使赛车不易操控。图4.5展示了一种卧式主缸方案。

图 4.5 一种卧式主缸的布置

2）立式主缸

立式主缸位于制动踏板前，大大缩短了赛车前舱的长度，布置更方便，更紧凑，同时方便对主缸的维修保养，也方便了后期制动系统的调试，提高了在排出制动管路中的气泡时添加制动液的方便性。采用立式主缸可方便调节制动踏板的传动比，而采用卧式主缸只能通过改变制动踏板的长度来改变传动比。图4.6为一种立式主缸的布置。

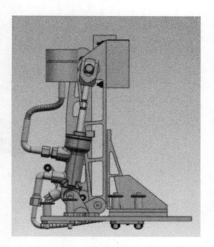

图 4.6 一种立式主缸的布置

3）主缸参数

前、后主缸缸径均为14mm。

3. 制动盘

盘式制动器又称碟式制动器。制动盘固定在车轮上，随车轮转动。制动盘上的摩擦片分别装在制动盘的两侧，活塞受到来自制动油管的压力，推动摩擦片压向制动盘，从而产生制动力。制动盘主要分为实心盘与通风盘，后者可降低温升20%~30%。赛车使用的制动盘表面上打了很多孔，用于散热，防止短时间内多次制动引起温度过高，产生"热衰退现象"。

但对摩擦衬块会有较大的磨损,对制动盘的材质也有很高要求。在保证制动卡钳与车轮轮辋不产生干涉的情况下,为减小摩擦片对制动盘的压力,降低摩擦带来的温升,制动盘的直径应尽量大。通常情况下,将轮辋直径的70%~90%取为制动盘的直径(图4.7)。

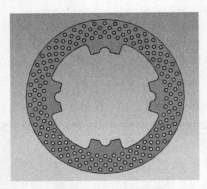

图 4.7　FSAE 赛车制动盘

制动盘的厚度由选择的制动卡钳参数决定,厚度过大或过小,都会改变主缸压缩的行程,从而改变制动踏板的行程,造成制动效果不理想[25]。制动盘厚度不宜过大,以免增加质量,导致制动的行程过小;也不能过小,否则不利于制动盘散热,产生制动力衰减。

4. 平衡杆

平衡杆示意图见图4.8。

1—螺栓1;2—螺栓2;3—球关节;4—钢套;5—挡片;6—杆端轴承;7—螺母。

图 4.8　平衡杆示意图

平衡杆的作用是将制动踏板所施加的力通过杠杆原理传递给制动主缸,其受力分析如图4.9所示。

图4.9中 F 为制动踏板施加于平衡杆的力,F_1 和 F_2 为前后制动主缸所受的力。

从图中不难看出,制动踏板对平衡杆的力 F 与 F_1、F_2 形成力矩平衡。L_1 和 L_2 的大小可根据需要而变动,由式(4.1)和式(4.2)可以计算前后制动主缸所受的力 F_1 和 F_2。

$$F_1 = \frac{FL_2}{L_2 + L_1} \quad (4.1)$$

$$F_2 = \frac{FL_1}{L_2 + L_1} \quad (4.2)$$

在赛车行驶过程中,制动系统的实际工作情况较为复杂,有很多设计过程中考虑不到的因素均会影响制动系统的效果。为了使得制动系统发挥其设计之初预想的效能,在制动系统调试的过程中要改变 L_1、L_2 从而改变前、后制动力的分配,车手要对本赛车的制动系统有充分的了解和适应,才能发挥赛车应有的最大水平[26-27]。

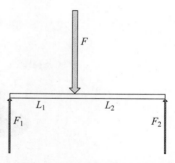

图 4.9 平衡杆工作原理图

4.3 制动管路的布置

布置制动管路时首先要让制动管路紧贴车身钢管,且要固定牢靠,尽量避免制动管路随着赛车的运动零件(如转向系统、悬架系统)运动而导致其他零件产生相对滑动,从而加剧对制动油管的磨损。制动管路与尖锐物体接触的部分,要用保护橡胶包裹好。油管高度最好不要超过卡钳高度,减少管路的上下窜动,管路要尽量短且直,免得管路最高处积累气泡,导致气泡不易排出,影响制动力。

4.4 赛车制动时的分析与计算

某赛车的设计参数见表 4.2。赛车制动时受力分析见图 4.10。

表 4.2 某赛车设计参数

设计参数	数值	符号表示
整车质量	260kg	m
轴距	1550mm	L
重心高度	250mm	h_g
重心到前轴的距离	813.8mm	a
重心到后轴的距离	736.2mm	b
轮胎半径	228.6mm	R
同步附着系数	1.5	φ_0
制动块摩擦系数	0.3	μ

假设赛车是直线运动(没有上升的影响);忽略底盘悬架(沿 z 方向无移动,轮胎半径恒定);忽略车轮惯性力矩;忽略空气阻力的影响;忽略发动机制动转矩。图 4.10 中,du/dt

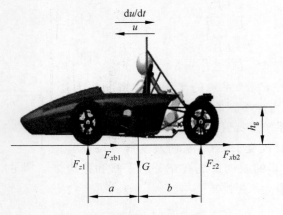

图 4.10 赛车制动时受力分析

为汽车制动减速度;h_g 为重心高度;F_{z1}、F_{z2} 分别为地面对前、后轴车轮的法向反力;F_{xb1}、F_{xb2} 分别为前、后轮地面制动力;G 为赛车重力;a、b 分别为赛车重心到前、后轴的距离[28-29]。

对前、后轮接地点各自取力矩可得

$$F_{z1}L = Gb + m\frac{du}{dt}h_g \tag{4.3}$$

$$F_{z2}L = Ga + m\frac{du}{dt}h_g \tag{4.4}$$

求出地面作用于前、后轮的法向作用力:

$$F_{z1} = \frac{G}{L}\left(b + \frac{h_g}{g}\frac{du}{dt}\right) \tag{4.5}$$

$$F_{z2} = \frac{G}{L}\left(a - \frac{h_g}{g}\frac{du}{dt}\right) \tag{4.6}$$

制动时地面对车轮制动力为

$$F_{xb} = \varphi F_z \tag{4.7}$$

由此可得有效作用半径为

$$r_e = \frac{2}{3}\frac{r_2^3 - r_1^3}{r_2^2 - r_1^2} \tag{4.8}$$

式中,r_1、r_2 分别为摩擦衬块的内、外半径。

前、后制动器制动力为

$$F_u = \frac{F_{xb}R}{r_e} \tag{4.9}$$

由上文计算数据可知,前制动器制动力约占制动器总制动力的 72%[30],F_{01} 为前制动

器单个制动块对制动盘的压力，F_{02} 为后制动器单个制动块对制动盘的压力，μ 为制动块摩擦系数，故有

$$8\mu F_{01} = F_{u1} \tag{4.10}$$

$$4\mu F_{02} = F_{u2} \tag{4.11}$$

活塞对单个制动块的压力等于单个制动块对制动盘的压力 F_0，制动卡钳缸径为 d_w，轮缸中液压 p 与 F_0 有以下关系：

$$p = \frac{F_0}{\frac{\pi d_w^2}{4}} = \frac{4F_0}{\pi d_w^2} \tag{4.12}$$

在制动时，不计管路压力损失，制动管路中液压近似等于轮缸中液压，根据制动管路设计参数得制动管路中的液压一般不超过 10MPa，即

$$\frac{4F_0}{\pi d_w^2} \leqslant 10 \tag{4.13}$$

解出

$$d_{w1} \geqslant 18.7 \tag{4.14}$$

$$d_{w2} \geqslant 16.7 \tag{4.15}$$

得

$$d_w \geqslant 18.7 \tag{4.16}$$

不考虑制动管路变形，取制动主缸的工作容积为

$$V_m = V_0 \tag{4.17}$$

式中，V_0 为回路中轮缸的总工作容积。

主缸活塞直径 d_m 由下式确定：

$$V_m = \frac{\pi}{4} d_m^2 s_m \tag{4.18}$$

式中，s_m 为主缸活塞工作行程。

盘式制动器制动间隙单侧为 0.05~0.15mm，取 $\delta = 0.1$。

V_0 可由下式确定，

$$V_{01} = 8 \times \frac{\pi}{4} d_w^2 \delta \tag{4.19}$$

$$V_{02} = 4 \times \frac{\pi}{4} d_w^2 \delta \tag{4.20}$$

经过对市场上现有的规格调查分析，选出合适的主缸、卡钳，最终确定，前、后主缸缸径均为 14mm，型号为 CP-7855-88PRTE。前、后制动卡钳缸径均选择 25mm，所以前面选用四活塞的制动卡钳 ISR 22048-OB，后面选用双活塞的制动卡钳 ISR 22049。图 4.11、表 4.3 分别为制动主缸实物图和参数表。表 4.1 为制动卡钳参数表。

图 4.11 制动主缸

表 4.3 制动主缸参数

参　　数	数　　值	单　　位
主缸推杆调节长度	30	mm
主缸推杆螺纹参数	5/16×24UNF	in
球轴承内径	6.35	mm
主缸行程	30	mm
主缸缸径	14	mm
进油口螺纹	7/16″UNF	in
进油口螺纹深度	10	mm
进油口螺纹	3/8″UNF	in
进油口螺纹深度	11	mm
材质	铝合金	—
质量	280	g
长	168.15	mm
宽	39	mm

$$b = \frac{L_1}{L_1 + L_2} = \frac{F_2}{F_1 + F_2} \tag{4.21}$$

式中，F_1、F_2 分别为前、后主缸对平衡杆两端的作用力。

F_1、F_2 与 F_{01}、F_{02} 有如下关系：

$$F_{01} = \lambda_1 F_1 \tag{4.22}$$

$$F_{02} = \lambda_2 F_2 \tag{4.23}$$

式中，λ 为轮缸主缸液压放大比，$\lambda = \dfrac{d_w^2}{d_m^2}$。

制动踏板力 F_p 可用下式计算：

$$F_p = \frac{F_0}{\lambda \eta i b} \tag{4.24}$$

式中，F_0 为单个摩擦衬块对制动盘的夹紧力；λ 为轮缸主缸液压放大比；η 为制动踏板机构机械效率，可取 $\eta = 0.85$；i 为制动踏板机构传动比；b 为平衡杆分配比例。

根据经验与车手反馈情况，对于 FSAE 赛车，四轮同时抱死时制动踏板力取 200～400N 较为合适。

4.5 制动系统的调试

制动液排气遵循"先近后远"的原则,先排前制动卡钳,再排后制动卡钳。要两个人配合完成,通过多次踩踏制动踏板,将制动油管里的气泡挤压到制动卡钳的放气螺栓处。放气过程中,一人紧压制动踏板,一人使用扳手将放气螺栓打开,直到踏板的行程最大,将放气螺栓锁紧后,松开制动踏板,完成一次排气过程。反复操作此过程多次,直至双手抱紧轮胎不能转动为止。放气过程中要注意的是,要及时补加制动液,否则会将空气带入制动管路中,使之前的工作白白浪费;松开制动踏板之前,一定要锁紧放气螺栓,不然会使空气和尘土进入制动卡钳,久而久之堵塞管路;排气时注意不要让制动液流到制动盘上,否则会影响制动力。赛车制动液排气后行驶一次后再进行排气。

要满足规则的要求使四轮同时抱死,平衡杆的调节是很重要的[31]。上文已经提到,计算过程是粗略的,所以最后得到的平衡杆分配系数是理论值,与实际值会存在偏差,所以这时候就需要通过驾驶赛车,通过车手的反馈以及对油压信号的采集进行平衡杆的调节,改变分配到两个制动主缸推杆上的力。当雨天比赛路面湿滑或者赛道地面摩擦系数有明显改变时,都要进行平衡杆的调节。

第 5 章 发 动 机

5.1 发动机的选型

根据《中国大学生方程式大赛规则(2023)》[3]第四章第一节1.1要求：

1.1 发动机限制

1.1.1 驱动赛车的发动机必须为四冲程、排量710cc以下的活塞式发动机。混合动力,例如使用车载储能设备驱动的电动机是不被允许的。

备注：所有来自初级热循环的废气或余热都可以被再利用。转化的方法不局限于四冲程循环。

1.1.3 如果使用多个发动机,则总排量不得超过710cc,且所有进气气流必须流经同一个进气限流阀。

传统汽车用发动机很少有符合赛事规则的小排量发动机,而且汽车发动机体积庞大,需要单独的变速箱和离合器与其配合使用。与之相比,摩托车发动机排量较小,离合器、变速箱与发动机集成在一起,结构紧凑,占用空间小,再加上摩托车发动机较易获得,在整个大学生方程式系列赛事中,除个别国外强队使用定制发动机以外,其余车队均使用摩托车发动机作为动力单元。由于大赛规则要求,二冲程摩托车发动机不予涉及。摩托车发动机通常采用常啮合序列式变速箱与摩擦片式离合器组成装配整体,燃油喷射系统采用化油器式或电子喷射式(electronic fuel injection,EFI)。

在大学生方程式系列赛事中,较为常见的发动机型号有 KTM 690、凯旋 675、本田 CBR600、黄龙 600、嘉陵 600、亚翔 LD450[32]。

表 5.1 为几款发动机原厂基础性能数据对比。

表 5.1　常见发动机基础性能对比

型号	最大功率/(kW/(r·min^{-1}))	最大转矩/(N·m/(r·min^{-1}))	压缩比
KTM690	53.7/8000	74/6500	12.6∶1
凯旋 675	94/12 500	74/11 900	13.1∶1
本田 CBR600	88/13 500	66/11 250	12.2∶1
黄龙 600	60/11 000	55/8000	11.5∶1
嘉陵 600	30/6000	51/4500	9.7∶1
亚翔 LD450	32/7500	42/6500	11∶1

5.2　发动机进气系统

由于大学生方程式比赛规则对发动机有进气 20mm 限流阀的限制，导致发动机的进气流量被减小，如果继续使用原厂进气系统，会出现启动困难、动力不足等一系列问题。所以，各大学生方程式赛车队都在此规则的基础上自行设计进气系统，使限流规则对发动机性能的影响降到最低。

1. 进气系统的布置

为了满足规则对发动机进气系统与供油系统零件安装位置的要求，车队需要将进气及供油系统的所有零件安装在外框内。目前较为常见的进气布置形式为前置进气与侧置进气。

1）前置进气

前置进气设计中（图 5.1），进气口一般处于主环下方，因设计简单、易加工、进气效率优秀等优点，这种布置形式最为常见。但是由于进气管长度较长，在质量方面不占优势，实际安装过程中，可能出现与头枕安装位置干涉等情况，需要在设计之初多加考虑。

图 5.1　前置进气设计

2）侧置进气

侧置进气为进气口布置在方程式赛车侧方的布置形式，由于侧置进气结构紧凑，可以很好地满足规则对赛车在进气系统安装位置方面的要求,同时保证了轻量化设计要求。这种进气形式的进气效率同样优秀,但使用这种布置形式的车队多数为单缸发动机车队,四缸发动机在使用侧置进气时,易导致四缸进气不均匀,从而提升了设计的难度,需要更加合理的设计与后期验证分析才能制作出可供四缸发动机使用的高效侧置进气系统。

2. 空气滤清器

空气滤清器是保证发动机寿命的重要零件。它可以将空气中的杂质颗粒过滤掉,使进入发动机气缸燃烧的空气纯净,不含可能造成发动机损坏的大直径颗粒。如果使用了劣质或者损坏的空气滤清器,严重时可能会导致发动机气缸受损,缸压下降,影响发动机动力性能。由于方程式赛车的空气滤清器暴露在外,没有壳体保护,在日常使用时要注意保护空气滤清器,防止意外损坏空气滤清器的情况发生,在空气滤清器发生损坏后应及时更换,不能使用非标准空气滤清器替代,那样只会导致更为严重的情况发生。空气滤清器一般直接安装在节气门体上,注意安装的紧密程度,防止有空气从安装间隙进入发动机造成发动机损坏。

3. 节气门

节气门是控制发动机进气量的阀门,节气门的不同选型可以使一台发动机输出不同的动力性能。主要影响节气门性能的因素是节气门的口径与阀片结构。

1) 机械式节气门

由于机械式节气门成本低,设计安装难度较低,故颇受各方程式车队青睐。目前较为常见的机械式节气门有两大类,即蝴蝶式与双滚筒式。

(1) 蝴蝶式

蝴蝶式节气门成本低,易获得,但在节气门全开时,中间的蝶阀会阻挡一部分气流,影响发动机的进气而导致发动机输出性能降低,但因它有丰富的尺寸型号可供车队选择,对气流的控制较为线性,依然受到部分车队青睐。

(2) 双滚筒式

双滚筒式节气门(图 5.2)是由吉林大学针对大学生方程式大赛自主设计的节气门,各车队可自行购买。其优点是完全符合大赛规则,质量轻,在节气门全开时,由于双滚筒的设计,进气口没有任何部件阻挡,空气可以畅通无阻地进入发动机进气系统,从而保证了发动机的功率与转矩损失程度最小。

图 5.2 双滚筒式节气门

2）电子节气门

车队如果使用电子节气门，需要在赛前向组委会提交一份对系统的技术描述以及《失效模式与影响分析》（FMEA），验证使用电子节气门代替机械式节气门的合理性。

电子节气门通过加速踏板位置信号，利用电机控制节气门开度大小，在规则范围内允许进行降挡补油，可以使赛车在比赛中控制因降挡导致发动机转速不匹配而出现发动机制动导致后轮抱死甚至车辆失控的情况。电子节气门可以根据不同的车手偏好设定不同的油门输出曲线，甚至可以做到发动机线性输出。电子节气门线缆的布置要比传统机械式节气门的钢丝拉索控制方便很多，也给安装布置提供了极大的便利。因此电子节气门也越来越受到各车队的青睐。

4. 限流阀

规则第四章第一节 1.6.1 和 1.6.2 对限流阀有以下规定：

1.6.1 为限制发动机功率，必须在进气系统中安装一个圆环形的限流阀，并且所有发动机的进气气流都应流经此限流阀。零部件只许按以下两种顺序安装：

a. 对于自然吸气发动机，顺序必须为：节气门、限流阀、发动机（图 4.2）；

b. 对于涡轮增压发动机和机械增压发动机，顺序必须为：限流阀、压气机、节气门、发动机（图 4.3）。

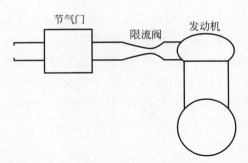

图 4.2 自然吸气发动机进气顺序

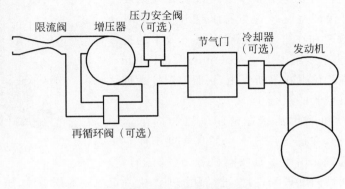

图 4.3 增压发动机进气顺序

1.6.2 限流阀内部截面的最大直径(比赛期间任何时间都应遵守)为：

使用汽油燃料——20.0mm(约0.7874in)

使用E85燃料——19.0mm(约0.7480in)

在车检时，裁判会对限流阀内部截面最大直径做严格的检查，车队应该在设计制造的各个阶段都设法保证限流阀符合大赛规定；否则在赛程中临时对限流阀进行改动会有很大难度而且会对发动机输出造成影响。

5. 稳压腔

稳压腔设计的目的是保证发动机每个气缸进气的均匀性和发动机节气门的响应速度，根据不同气缸数的进气系统布置形式，稳压腔的形状、大小也会有很大不同。

单缸发动机的稳压腔设计主要是提高发动机的进气效率；多缸发动机的稳压腔设计要考虑配合进气歧管进气谐振对充气效率的影响，与此同时要保证各气缸的进气量均匀性，保证发动机可以有最好的输出性能。

采用前置进气的多缸发动机稳压腔一般设计为规则的圆筒形；为保证各气缸进气的均匀性，采用侧置进气的稳压腔直径通常从进气口到另一端逐渐增大。

稳压腔的容积会影响节气门的灵敏程度，一般来说，小的稳压腔容积，节气门响应会比较灵敏；大的稳压腔容积，节气门响应较为迟钝。

稳压腔的加工制造一般采用3D打印或者CNC铣床加工技术，内部要保证很高的加工精度和很低的表面粗糙度，可供选择的材料也多种多样。但由于材料强度的不同，在设计时需要增加肋板的数量以保证稳压腔的强度。由于稳压腔靠近发动机机体，正常工作时温度较高，一般的打印材料在高温时强度会有所下降，而且发动机进气时的真空度可能会使稳压腔吸瘪。为进一步提高稳压腔强度，可以在打印材料外覆盖碳布真空塑型，或直接设计模具使用碳纤维铺布制造。承志车队采用的稳压腔见图5.3。

6. 进气歧管

在设计进气歧管时要考虑整个进气系统在规则要求的外框内，同时保证进气歧管与稳压腔组成的进气系统整体的进气效率和在进气谐振时对进气效率的提升程度。需要通过计算流体力学(computational fluid dynamics, CFD)进行仿真并不断优化，从而得到较为理想的稳压腔与进气歧管的组合。

自然吸气发动机利用活塞在密闭气缸中向下运动，随后进气门打开，在进气系统产生的真空度下使空气充满气缸完成进气。由于多缸发动机各个气缸进行的是有规律的周期性间歇进气，会使进气系统中产生一定幅度的压力波，压力波在介质中传

图5.3 承志车队2017赛季稳压腔

播时遇到稳压腔和进气歧管的内壁会发生反射,而不同的波会有叠加效应。利用这一现象,可以通过巧妙地设计稳压腔与进气歧管的外形尺寸,使进气系统的固有频率与发动机的进气周期相互协调,在特定转速下,发动机进气门打开,与此同时在进气系统内存在幅值较大的压力波,从而提高在特定转速下的发动机进气压力,进一步增加发动机的进气量,提高充气效率,从而提升发动机的输出水平。

配合后期台架标定实验可以对进气谐振的分析结果进行验证。好的进气设计可以提升发动机在特定转速下的功率与转矩;相反,不好的进气设计会影响发动机在特定转速下输出的功率与转矩。

7. 利用软件对发动机进气系统仿真

针对进气系统,常见的仿真软件有 GT-Power 和 Fluent[33]。

GT-Power 软件采用链式模块化建模,通过对发动机的参数设定完成对发动机模型的建立,对与进气歧管、稳压腔相关的不同参数设定导出分析结果,方便完成对进气系统的优化。

通过 Fluent 软件可以对流体模型进行网格划分,导入进气系统的三维模型,仿真发动机运行时进气系统流场内介质运动参数的变化,从而对进气系统的设计进行优化,保证最大的进气量和各气缸平均的进气量。

5.3 发动机排气系统

由于发动机工作的噪声大多出现在发动机的排气系统中,在保证发动机排气顺畅的情况下,应尽量降低发动机排气系统的排气噪声,同时兼顾轻量化设计要求,因此设计较为复杂。发动机排气歧管及消声器见图 5.4。

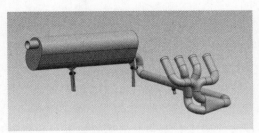

图 5.4 发动机排气歧管及消声器

1. 排气歧管

需要在软件中对排气系统的排气歧管长度、直径等参数进行模拟,与进气系统类似,可以使用 GT-Power 等软件进行仿真[34]。排气会产生较大的高压波,在发动机气缸中,由于燃烧后的废气有一定的惯性,通常排气门会在活塞上止点后关闭,称为排气门晚关角,在这期间剩余的废气可以利用惯性排出发动机气缸。但在多缸发动机中,由于排气周期的问题,在一个气缸处于排气门晚关状态时,另一个气缸可能会开始排气行程,进而产生较大的排气压力波,可能导致废气进入排气门处于晚关状态的气缸,使进入其中的新鲜混合气数量减少,导致发动机功率转矩整体下降。与进气系统类似,排气系统也有谐振的情况,可以通过排气系统的谐振来提升发动机废气排出的效率。

排气歧管可以使用二维弯管机制造,近年来由于增材制造的普及,有个别车队采用金属 3D 打印制造排气歧管。排气歧管选材应尽量保证轻量化,同时要保证加工制造的精确性,否则会与仿真结果有较大出入。在发动机工作时,排气歧管温度较高,经常可见发动机排气歧管被烧得通红,因此需要特别注意赛车零部件,尤其是电缆等不耐高温零件与排气歧管的相对距离。如果电缆碰到高温排气歧管,电缆的绝缘皮会损坏,严重时会导致整车电路损坏甚至赛车燃烧起火。由于车队自己设计制造排气歧管,故应注意排气歧管与发动机排气口的密封性和整套排气歧管的内部粗糙度。当排气系统存在排气漏气的情况或排气歧管内部粗糙时,排气噪声会增大,阻力也会增大。排气系统漏气,特别是在氧传感器上游出现该情况时,会使传感器读数异常,影响发动机 ECU 闭环控制,导致发动机油耗上升,动力下降。

2. 消声器

消声器安装于排气管尾部,处于排气系统的最尾端。高速流动的废气携带的较高能量会在消声器内衰减,从而降低排气噪声。消声器可以自行设计也可以购买成品。一般情况下,消声器容积越大消音效果越好,但是容积太大会增加额外的质量。有时选用较大容积的消声器也无法将噪声控制在规则要求的限度内,还需要从其他方面考虑减小噪声。

3. 噪声测定

规则规定:怠速时噪声等级上限为 C 加权 103dB(快速加权)。其他速度时噪声等级上限为 C 加权 110dB(快速加权)。

在赛场如果出现排气噪声不达标的情况,可以通过增加消音塞数量、增加排气弯头、串联消声器等方法解决。但由此带来的对发动机动力性能的影响十分严重,因此应尽量避免。在进行噪声测试时,由于声波的传递会遇到类似尾翼等障碍物反射而造成排气噪声不达标,可以根据具体情况改变排气口方向。如果疑似尾翼对噪声测试造成影响,可以在赛车尾部不同方向测定噪声,如果在特定方向噪声增大,则改变排气口朝向,并再次测定噪声,如情况有明显改变即可判定为尾翼影响。

5.4 发动机冷却系统

在方程式赛车行驶过程中,发动机将储存在燃料中的化学能转化为赛车前进的动能,在能量转化过程中不可避免地会出现能量的损失,并以热量的形式散发到周围介质中。内燃机的热效率一般在 30%~40%,这意味着发动机燃烧所做功超过一半都以热量的形式损失。发动机的冷却系统就是要将这部分损失的热量快速传递到发动机以外的介质(如大气)中,防止发动机温度过高。发动机过热会导致发动机输出功率和转矩下降,严重时还会导致发动机润滑失效,造成机械磨损等情况。由于发动机进气限流等因素,发动机原厂的冷却系统不再适用,因此要设计一套可以满足大学生方程式大赛的散热系统。通常使用的摩托车发动机冷却系统分为风冷与液冷两种,但是风冷发动机并不适用于大学生方程式比赛,因此着重对液冷(水冷)系统做介绍。

1. 冷却系统组成

大学生方程式赛车队所使用的发动机冷却系统一般由发动机水套、冷却液(水)、水泵、散热器、风扇、温度传感器、节温器、水管和溢流瓶组成。

2. 水泵

摩托车发动机一般配备曲轴旋转做功驱动的机械式水泵,在整个冷却循环系统中提供的循环水流量与发动机转速相关,这就有可能导致发动机在不同转速下的散热量不能都得到保证,当发动机停止工作后冷却液不循环,发动机温度就得不到有效控制,可能在比赛中导致发动机局部过热或造成高温下启动困难。解决途径可以是使用散热风扇辅助低转速下的散热,或使用电子水泵。电子水泵靠电动机驱动水泵叶轮旋转提供循环压力,而电动机消耗车载电池的电量。通常电子水泵会增加赛车的额外质量,车队需要在权衡利弊后进行选择。

3. 散热器

散热器分为带管式散热器、板式散热器和管片式散热器。由于带管式散热器性能优异,车队通常使用的是带管式散热器。车队需要根据赛车发动机功率计算所需的散热器尺寸。在实际使用中,需要注意水箱的安装位置是否受到整车空气动力学套件的影响,导致通过散热器的空气流量减少或增加。一般情况下,车队会为散热器配备由蓄电池驱动的风扇,一些风扇甚至还可以调速以保证怠速时的散热效率,并在发动机高负荷运行时提升散热系统的散热效率。散热器的设计需要通过对发动机发热量进行估算并乘以足够的安全系数以保证整套冷却系统可以满足所有工况下的散热需求,安全系数一般取 1.1~1.2。

4. 节温器

节温器是用于发动机为迅速提升自身工作温度而根据循环液温度自动选择发动机大、小水循环的装置。发动机冷却系统大循环指冷却液经发动机内部水套流至散热器，经散热后重新流回发动机水套的循环；小循环指冷却液不经散热器，而从出水口直接流回发动机内部的循环。由于方程式赛车发动机并非全新采购，需要特别注意节温器的工作情况，在条件允许的情况下甚至可以拆除节温器。节温器在室温时处于关闭状态，发动机默认选择小循环系统。节温器卡滞或者损坏，会导致大循环无法开启。由于摩托车发动机水温传感器一般置于发动机出水口，无法监测发动机水套内的实际温度，因此节温器损坏会导致发动机温度过高，严重时会导致润滑系统失效，造成曲轴轴瓦磨损等严重的发动机损坏现象。

5. 溢流罐

规则第二章第八节 8.2.2 对溢流罐作出以下规定：

8.2.2 必须使用独立的溢流罐来贮存从冷却系统或发动机润滑系统溢出的除水以外的液体，每个罐子的容积必须至少为系统所含液体的 10% 且至少 0.9L，即取较大者。

6. 冷却液

规则要求发动机必须使用水作为冷却液，其他形式的冷却液不被允许。一般汽车使用的防冻液凝固点要低于 0℃，沸点高于 100℃，而且不会对发动机内部管路造成锈蚀等。一些发动机内部水套为铸铁材质，所以需要特别注意防锈。带管式散热器的内部通道十分狭小，冷却介质中的杂质很容易将通道堵塞，造成散热效率下降；由于水垢的产生会堵塞带管，因此一般使用纯净水作为冷却介质。

5.5 发动机润滑系统

对于本田 CBR600 发动机来说，标准的机油压力要在转速 6000r/min 时达到 505kPa（80℃）。发动机的曲轴、连杆等关键部位都采用压力润滑，机油压力对润滑系统能否提供足够的润滑保护至关重要。机油压力不足会导致机油无法形成有效的油膜以保护金属部件不被磨损。机油压力一般通过压力传感器监测。CBR600 发动机原机没有安装机油压力传感器，而是采用了一个压力开关代替，当压力不足时该开关直接与发动机接通，可以串联指示灯用来警示机油压力不足。大学生方程式赛车队通常使用摩托车发动机作为动力单元，但是摩托车在运行时，特别是转弯时，车身与地面会形成一定的倾斜角度，因此储存在油底壳中的机油液面会保持在与发动机平面相差不大的平面内，集滤器可以持续不断地吸取机油到机油泵。当用此类摩托车发动机作为四轮方程式赛车的动力单元时，在赛车运行特别是转向时，由于离心力的作用，油底壳内的机油会偏向一边而远离发动机平面，可能导致集滤器无法被完全浸没,影响机油压力的稳定,严重时会造成机油压力丢失。因此车队需要对润滑系统进行适当的重新设计以保证赛车发动机在运行中的安全。

1. 对油底壳进行改装

CBR600 原厂发动机油底壳高度为 130mm,且中部很深,这是针对摩托车的设计。如果在方程式赛车上使用该油底壳,首先会增加发动机的安装高度,不利于降低整车重心;其次原厂油底壳内部挡板较少,可能在赛车转弯或急加速、制动时出现机油压力不稳定的现象。因此对原厂的油底壳进行两个部分的改装:降低高度和增加挡油隔板(图 5.5)。

油底壳高度一般可以降至 90mm 左右,这有利于降低发动机安装高度,从而降低整车重心。在设计油底壳外形时,要保证原厂油底壳容积不变。因为油底壳在储存和收集机油时,要保证曲轴曲拐在旋转时没入油底壳中储存机油液面的位置相同,如果改变了油底壳容积,可能会使所需机油量发生变化。发动机机油量是发动机制造商根据发动机润滑需要、散热等因素综合考虑而制定的,随意改变可能会导致润滑系统失效,最终造成发动机过热、摩擦副磨损等后果。自制油底壳一般为规则拉伸体,因此要在油底壳内部增加

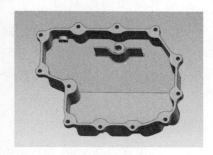

图 5.5 承志车队带有挡油隔板的自制油底壳

挡油隔板以防止赛车在激烈行驶中发动机机油油面过度晃动,从而导致机油无法被集滤器源源不断地抽送到机油泵,造成机油压力的不稳定。在设计加工油底壳时,要保证加工的精度,防止机油出现渗漏的情况;一般使用铝合金进行加工,可以保证轻量化设计的目的;在设计中可以增加散热面积以提高油底壳的散热效率,其形状类似风冷发动机外布置的散热金属条。

2. 使用干式油底壳

由于方程式赛车在驾驶中各个方向的加速度都很大,会出现即使对原厂油底壳进行重新设计也无法保证机油压力稳定的情况,因此干式油底壳逐渐出现在各支大学生方程式车队中。不同于湿式油底壳将机油储存在油底壳内,干式油底壳将机油储存在独立的储油罐中,通过独立的机油泵将机油泵回发动机的油道中,因此干式油底壳不需要油底壳储存机油,油底壳只需要将机油收集,它在干式油底壳系统中称为集油盘,这样的设计可以进一步降低发动机的安装高度,从而降低整车的重心。使用干式油底壳不仅可以保证机油压力的持续稳定,还可以提升车辆的操控性,可谓一举两得。使用干式油底壳时由于增加了储油罐等零部件,原有的机油泵功率并不能满足要求,需要使用额外的机油泵。干式油底壳机油泵一般由曲轴旋转提供的动力直接驱动,泵的功率与发动机转速相关。在发动机高速旋转时,机油泵提供的压力也会增大,因此对整套系统的密封性提出了更高的要求,需要通过精密的

加工与巧妙的设计才能保证干式油底壳系统不会出现机油的渗漏。除使用机械式机油泵外,还可以使用电力驱动的机油泵,但由于机油泵功率较大,而且需要长时间运转,会对整车电力系统带来很大考验。电路出现故障会导致机油压力完全丢失,因此干式油底壳很少使用电力驱动的机油泵。使用干式油底壳因其机油泵的驱动方式,会造成发动机功率的额外消耗;额外增加的设备也给整车带来了额外的质量。但由于发动机在赛车中的重要地位,需要为它提供最周全的保护,因此可持续提供可靠机油压力的干式油底壳越来越受到各支大学生方程式赛车队的青睐。

3. 发动机曲轴箱通风口

在发动机工作时,混合气在气缸内燃烧,并产生极大的气体压力。活塞环和气缸壁之间存在间隙,压力会泄漏到气缸下方的曲轴箱,因此需要对曲轴箱内的压力进行释放。如果曲轴箱通风口堵塞,曲轴箱内压力将不断升高,最终导致发动机箱体间的油封失效,发生机油渗漏。

4. 机油的散热

当机油温度过高时,在摩擦副中形成的润滑膜可能出现破裂或消失,导致摩擦副之间出现干摩擦而导致机械磨损。因此对机油温度的控制是润滑系统正常工作的重要保证。通常机油的热量会被发动机的冷却系统带走,但由于方程式赛车的发动机长时间处于高转速高负荷的运行工况,冷却系统负荷很高,机油温度上升也很快,因此在原有冷却系统无法保证机油散热时,可以通过额外增加机油专用的散热器为机油降温。

5. 机油滤清器

机油滤清器是保护发动机不受磨损的第一道屏障,它由孔隙极小的滤网制成,可以过滤粒径大于 0.01mm 的杂质。如果大粒径杂质进入发动机循环润滑系统,会造成内部零件运行阻力增大、零件磨损等问题。因此,车队在选用机油滤清器时,一定要选用高品质机油滤清器,万万不可使用劣质机油滤清器,虽然好的机油滤清器价格稍高,但是节省了这笔小开支会给发动机带来不可逆的损害。

好的机油滤清器和劣质机油滤清器在滤纸纤维分布密度和孔隙大小有较大区别,但是肉眼无法分辨,使用扫描电子显微镜可以看到两者的区别。除此之外,机油滤清器滤芯的耐热性和耐久性也很重要。机油滤清器在发动机工作后就从始至终伴随发动机工作,发动机中高速高温流动的机油会给滤芯带来很大的考验。质量不过关的机油滤清器滤芯在高温下长时间使用后会崩解,在发动机高温高压、强腐蚀作用下扭曲腐烂的滤纸还可能堵塞润滑油道,造成发动机曲轴磨损等严重后果。

5.6 发动机燃油供给系统

发动机的燃油供给系统由油箱、油泵、喷油嘴等零部件构成。它们的作用是将燃油从油箱以一定压力输送到喷油嘴,然后经喷油嘴雾化喷射至气缸中与空气混合燃烧。在设计制作燃油供给系统的零部件时,要注意防止燃油的泄漏并远离赛车高温及旋转的部件,以防止发生意外。

1. 油箱设计

大学生方程式赛车的油箱多采用铝合金焊接成型加工设计,具有质量轻、制作方便等优点。大学生方程式大赛的耐久项目包含了效率测试,要求赛车在完成耐久赛后再次加油,侧倾车辆后燃油液面不能下降,以防止在效率测试中作弊。因此油箱的加油颈要设计在油箱的最高点,油箱最高平面也应设计为加油颈部最高、向其相反方向倾斜的平面,防止在油箱顶部存有较多的空气,在倾斜赛车后燃油液面下降导致成绩受影响。由于赛车在加速、制动、过弯时的加速度较大,在赛车油箱内剩余油量不多的情况下,可能会出现燃油供给中断。因此要在油箱内设计挡油隔板,防止在加速度过大时油泵无法从油箱内获取燃油导致赛车动力中断。设计油箱盖时应注意,在燃油消耗的同时,油箱内的压力会变小,如果将油箱做成完全密封的结构,会导致燃油无法继续被油泵抽出。因此需要在油箱盖上设计特殊的阀门,在油箱内的气压低于某设定值时,允许外界空气进入,同时保证内部燃油在通常情况下不会泄漏。承志车队油箱见图5.6。

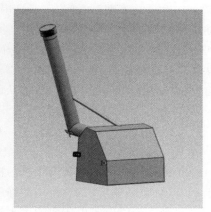

图 5.6　承志车队油箱

2. 油泵选择

本田 CBR600 发动机原厂燃油泵提供的燃油压力为 343kPa。大学生方程式赛车队通常选用与发动机配套的原厂燃油泵,也可以使用方便调整压力的外置式燃油泵。原厂燃油泵的质量通常较外置式燃油泵轻,但由于其安装在油箱内,会占用一部分燃油的空间,因此油箱设计尺寸较大,这会带来额外的质量。外置式燃油泵安装检修方便,但管路较内置式燃油泵会增多,泄漏的可能性也会增加,因此需要特别注意对输油管路的保护。

3. 输油管路

规则第四章第一节1.8规定:

1.8 油路

1.8.1 禁止使用塑料的油管来连接油箱和发动机(输油与回油)。

1.8.2 如果使用橡胶管或软管作为油路,用于夹紧油路的软管夹必须有环形圈或锁紧带来固定软管。也可以使用专为油管设计的软管夹。这些软管夹必须有四个重要的特性:①360°全包围;②用螺母和螺栓紧固;③为防止软管夹切入软管,软管夹边缘必须为卷边,蜗杆型的软管夹不允许使用在任何油管上;④如果使用了软管-夹子式连接,需要倒钩式连接器设计。

1.8.3 油管必须安全地安装在赛车上或者发动机上。

1.8.4 所有的油管必须被安全遮罩,以防任何旋转件失效或撞击损坏。

在布置输油管路时,应避开高温及旋转的危险区域,同时保证尽可能短的输油管路布置,以减小燃油流动造成的阻力损失。在相同流量时较粗直径的油管的燃油流速会小于较小直径油管的燃油流速,但太粗的直径会带来额外的质量增加,并增加赛车的设计成本。为减小燃油在输油管路中的流动阻力,转弯及接头处应保证弯曲的半径是油管直径的3~5倍,并考虑接头所能承受的最大压力,防止因接头失效造成燃油泄漏。

在油泵与喷油嘴之间,一般会串联一个燃油滤清器,其作用是将燃油中的杂质过滤掉以防止堵塞喷油嘴。喷油嘴的作用是将燃油雾化并均匀地喷射到进气道内与空气混合,形成的可燃混合气体将在气缸中燃烧为赛车提供动力。喷油嘴加工十分精密,每个喷油嘴都分布有很多细小的喷油孔,直径稍大的杂质就有可能堵塞喷油孔,当较多数量的喷油孔被堵塞时,混合气的空燃比就可能有较大改变,从而导致发动机不能正常燃烧,影响发动机的输出功率。

5.7 发动机电子喷射系统

传统化油器的喉管就像飞机的机翼一样,当气流的速度在小直径的喉管处增加时,由伯努利定理(流动速度增加,流体的静压将减小)得出压力会减小。这会产生一个低压区域,外部燃料会立刻喷射。由压力的大小控制多少燃油从浮子室进入发动机。如果喷油孔和喉管的大小都固定,混合气体的比例也就固定。一般来说,更大的压力差意味着喷射更多的燃油。

在现代电喷系统中,0.5%的燃油输送调节和0.25°的点火提前角在以往是不可想象的。现代动力系统控制模块的运行速度非常快,可以和红线运转的发动机速度相比。处理器的速度用兆赫测量,或者用每秒百万次的频率测量。现代最先进的F1发动机最高转速为23 000r/min,这使得动力系统控制模块有大量的时间来计算应输出多少燃油去传输。动力系统控制模块可以在任何时候记录发动机的表现,分析每一个参数,并且在曲轴旋转几度的时间内进行复杂的计算。这意味着处理器可以在燃烧之间以高速重复进行复杂运算。因此化油器早已被电喷控制系统取代。大学生方程式赛车队也普遍使用电喷控制系统。

1. 采集信号

在进行台架实验调整发动机前,明白在计算机上看到什么很重要。往往一辆跑不快的车,不是因为其内部传感器,而是因为错误的计算。这也就是说,发动机的输出依赖于输入和计算。一个好的计算如果输入的参数有问题,车开起来就和一辆调校很差的车一样。并不是所有的传感器对于发动机功能和性能都是至关重要的,有几种传感器是发动机电喷系统必须具备的。有时会有多余的传感器,但是只有一个传感器会影响最终的发动机输出,其他的传感器都只起到监控作用。

1) 节气门位置

节气门位置传感器(throttle position sensor,TPS)几乎是所有电喷系统输入中最重要的传感器,它就像立体声音响的音量旋钮一样。TPS可以精确地告诉计算机节气门阀的位置,这关乎驾驶者究竟是需要怠速/巡航这样的静态状态,还是需要加速或者减速。此外,TPS改变的速度和趋势可帮助计算机判断驾驶者是否要改变驾驶状态。大多数TPS本质上是一个旋转式电位器,依靠位置的不同变化不同的输出。开度越大,电路上通过的电阻也越大。通常读到的输出电压范围为 $0\sim 5V$, $0.5\sim 1V$ 通常标志着节气门关闭,$4.5V$ 乃至更高的电压标志着节气门全开。确定节气门关闭(C/T)和节气门打开(P/T)的分界十分重要,可以让调整者确定在驾驶员脚离开加速踏板后计算机是否使用怠速的标定。常见的错误是车队队员不检查TPS输出,就打开在节气门体上的怠速调整螺钉。如果节气门阀为了防止熄火而打开,超过C/T临界值,则必须重新调节TPS去对应新的C/T值。同样,即使TPS开度已经 90%,伸长的拉线和弯曲的杆件也会阻止ECU识别节气门全开。由于 $70\%\sim 100\%$ 开度的节气门阀有效变化太小,许多系统在 70% 左右开度到节气门全开时,靠发动机转速识别。

2) 冷却液温度

发动机自身的温度是另一个极其重要的监测项目。发动机在一个相对狭窄的温度带里工作是最有效率的。过低的温度会使燃料在燃烧前雾化困难,过热则易导致燃油早燃和爆震。实际上正确的发动机运行温度依赖于正确的使用。现在的大多数厂商使用自动温度控制将温度固定在 $93℃$ 左右,这可以保证燃油理想的燃烧和排放。降低大概 $10\sim 80℃$ 可以允许更多的点火提前角,可以产生更大的功率。和化油器的机械式阻风门类似,电喷系统在低温时允许更高的怠速转速和燃油混合气浓度。浓度混合比例增加的确定取决于准确的温度。这个温度来自于冷却液管道中的或者在气缸盖的传感器。这些传感器实质上是热敏电阻,阻值的变化随触点温度的改变而改变。大多数发动机冷却液温度传感器是热敏电阻类型。热敏电阻的阻值随温度升高而减小。通常有 $5V$ 的电压向热敏电阻输入,当温度上升时反馈电压会因欧姆定律更高,随热敏电阻温度的下降;一些温度传感器没有电压输入,其返回值仅仅是电阻值的改变,这需要ECU有特定的输入通道以读取该信号。选用何种类型的传感器应根据ECU输入通道的类型决定。如果传感器在冷却液管道中,要确保空气不会出现在传感器附近。常见的情况是温度传感器实际没有和冷却液接触而是和蒸汽气柱接触,这会让接收器记录一个相对较低的错误温度。当发动机ECU有保护程序时,发动机在高温下工作会允许更高的怠速转速(更多的冷却液循环),提高冷却风扇转速,喷射更多燃油,温度值的正确输入可以拯救发动机。一个直接安装在气缸盖罩上的温度传感器可以减少温度的错误输入。需要注意的是由于热量的传导气缸盖的温度要比冷却液的温度高 4～8℃。

3)进气温度

空气温度对密度和燃烧速率有直接影响。在速度-密度(speed-density)系统中,最近的循环中进气温度决定了多少氧气分子可以被燃烧利用。当发动机吸入进气歧管的空气体积一定时,进气温度决定了可用于燃烧的氧分子数。在空气质量测量法系统中,进气温度不会直接影响喷射燃料数,但依旧作为参考去调整可燃气体的混合比例。如果燃油供应稳定,进气温度可以成比例地直接作为调节点火提前角的参数。进气温度比较低时,可以使用更大的点火提前角,产生更多的动力;反之如果进气温度高(涡轮增压通常结果)则会减小点火提前角防止燃烧速度加快引起的爆震。

大多数进气口温度传感器在设计和功能上与冷却液热敏电阻传感器相似。因为空气的密度比冷却液的密度小很多,进气口温度传感器各部分没有损害的风险,可以做成无保护形式,因此可以对不同的情况做出更快的反应。对于 ECU 来说,涡轮增压发动机选用传感器监测哪部分的温度很重要。一些增压发动机厂商用两个进气口温度传感器监测气缸盖罩周围温度和实际进气口部温度,但大多数系统只有一个进气温度输入。理想的传感器应该被放置在离气缸进气口最近的地方,那样计算机就能知道实际充入气体的温度。车队如果选用进气口温度传感器,需要注意要让传感器输出更准确可信的信号。

4)歧管表面温度

一些系统增加了传感器以监视歧管表面的温度。这让计算机增加了另一个数据去为热量从进气歧管或刚进入气缸头传递建模,可以更加精确地计算实际进入气缸的空气质量。这些传感器在设计制造上通常和冷却水热敏电阻传感器一样。

5)空气流量

内燃机对空燃比是如此敏感,所以确切知道每一时刻进入发动机的每种气体成分含量特别重要。最好的方法是在空气进入歧管之前对空气进行精确测量。速度密度系统在不停地用进气压力、温度、发动机速度估算进气。质量流量式系统只用一个传感器就能直接测量进入发动机的气体。本质上,流过传感器的空气越多,信号变化就越明显。现代系统将小型加热电路放在气流中。越多的空气分子流过加热电路,为了保持一个恒定的温度,电路中的电流就会越大。当电流增大,传感器的输出就会改变。加热电路温度的下降与通过电路的空气质量成正比。为直接测量气流质量需要向 ECU 输入温度信号进行补偿。如果使用空气流量计,除了关注传感器的流量和输出范围,车队还应该关注传感器的实际安装。因为最终只是通过有限的通道和测量其中小部分气流来确定总进气量,了解传感器安装对输出的影响也很重要。首先要考虑的是穿过传感器的气流。如果穿过传感器两侧的气流流量不同,传感器会因此产生错误的输出信号。出现这种问题的原因通常是紧挨空气流量计的进气管道安装时发生了弯曲。传感器测得的进气量随它处于管道中的位置而变化。安装在弯曲半径外侧的测量装置会产生一个比实际值更大的总进气量。相反,安装在弯曲半径内侧会减少输出。如果空气流量计一定要挨着进气管道的弯曲处安装,还应注意传感器的测量部分要与弯曲的平面垂直。保持同一直径的管道通向空气流量计是可靠的。当流过较小直径管道时空气的流速会增加。如果在传感器前部管道的直径增加,通常会造成大量不稳定的涡流。这些不稳定的气流会让传感器依靠空气流速的传感部分读取错误的值。在任何空气流量计前最好安装一段固定直径的进气管,长度通常是直径的两倍,这可让不稳定的气流在通过传感器前趋于稳定。

6) 进气歧管压力

绝对进气压力(manifold absolute pressure,MAP)是速度密度系统标定的关键要素。通过温度和测得的实际进气歧管空气压力可以计算出充气密度。空气质量可以通过这个输入信号计算,并让ECU根据气流计算出合适的燃油功能供给量。进气压力直接与发动机负载相关,通常在点火和喷油的MAP里的Y轴与速度相对应。

7) 大气压力

大气绝对压力(barometric absolute pressure,BAP)传感器在功能和设计上与进气压力传感器完全一样。区别在BAP与外部环境相连,并不是和进气系统相连。BAP的作用是根据海拔的变化矫正空气质量基础系统的负载和正时。许多现代的质量流量式系统根据启动时的进气压力传感器的数值估计大气压力。

8) 曲轴/凸轮轴位置

曲轴或凸轮轴传感器是一个配套的系统。信号盘安装在曲轴就是安装在凸轮轴上。信号盘有凸起或者齿,通常用易导电的金属制成。传感器的第二部分是一个电磁式传感器或者霍尔传感器。它们被设计为当通过信号盘飞轮的齿或者凸起时用来输出波动的信号。曲轴或凸轮轴传感器实现两个基础的功能。第一个并且最重要的功能是传达发动机的实时转速。第二个功能对时序系统很重要,是指示发动机循环工作的位置。缺齿或者多齿的位置可以让ECU计算出第一缸的上止点位置,进而确定其他气缸中活塞的运动位置。

9) 油轨压力

油轨压力(fuel rail delta pressure,FRP)传感器是一个不常见的传感器。喷油的速率和喷油器的压力有关。通过FRP传感器返回的数值可以建模去修正计算实际进入进气口的燃油。回油系统压力通过一个机械式调压装置控制;在没有反馈的系统中,通过油泵自身的占空比变化控制,这样的设计使发动机和油箱之间不再需要返回管路连接,同时也减少了热油流回油箱的影响,减少蒸发。FRP传感器被用在无反馈的燃油系统中,向计算机提供压力信号值以控制油泵。在使用脉冲宽度调制波(pulse width modulation,PWM)控制的油泵时,计算机需要知道当前实时提供给喷油嘴的压力。FRP传感器的设计和功能与

MAP传感器非常相似,FRP传感器的隔膜一端处于油轨中暴露在燃油的压力下。

10) 系统电压

尽管系统电压没有外部的传感器,但是电喷系统有很多检测它的方法。因为电池要为ECU供电,所以测量电压比较简单。通过电池电压为点火线圈饱和度、充电时间建模。较低的系统电压会要求更多的时间为点火线圈充电,由于点火线圈充电饱和后会击穿放电,因此可以通过示波器测量不同电压下的最佳充电时间,以保证点火线圈以最大的能量为火花塞提供电力。

11) 氧传感器

现代电喷技术有能力不断修正期望空燃比和实际燃油供给之间的关系。这种功能通过测量排气中的氧气含量来实现。因为燃烧只是氧气和燃油的化学反应,变化的混合比导致尾气中的分子组成不一样。氧传感器实际是一个改变氧分子势能的电池。二氧化锆镀膜根据部分氧分子的状态改变输出电压。氧气越多,输出电压越低。闭环控制中,ECU通过这个输出电压控制燃油供给。实质上就是根据氧传感器的反馈改变喷油器的脉宽。尽管这种修正在一般情况下很精确,但是在传感器或者尾气温度较低时,准确性就会变差,这就是为什么ECU会忽略启动有一段时间内氧传感器的输出,并在这段时间内为氧传感器通电加热,使得氧传感器可以达到工作温度。

为了提高测量过程的精确度,热量是一个关键。所以现在氧传感器通常安装在尽可能靠近缸头的地方,自身带的电阻丝也可以让它尽快在启动后达到工作温度。这种可加热的氧传感器简称HEGO传感器(heated exhaust gas oxygen sensor)。为了防止低温让发动机难以维持转动,启动时会用微浓的混合气,从启动到传感器起作用形成闭环控制之间的这段时间对排放至关重要。这段时间越短,总的碳氢化合物排放就越少。大多数原厂系统在燃烧室旁安装特别精确的HEGO传感器。某些窄域氧传感器只在最佳空燃比附近,通常为13.7~15.7的范围内才精确。这意味着13.0的空燃比对HEGO传感器已经很浓,如果预期的空燃比更浓就无法检测。于是在节气门全开时,电喷系统采用开路控制。若根据原厂的窄域氧传感器调整燃油供给,当传感器数值没有达到预期空燃比时,队员会不停地增加喷油脉宽,最后可能导致发动机损坏。这种情况其实只是因为超过了传感器的精确范围,因此建议选用宽域氧传感器作为闭环控制的可靠传感器。

研究排气泄漏和正时对氧传感器读取的影响也很重要。任何在传感器上游或者附近的排气泄漏都会影响传感器读取数据的准确性。因为排气有脉冲,任何缝隙都会让排气泄漏,并让很多氧气的空气流入。这么多的氧分子流过HEGO传感器会让计算机认为燃烧室是稀薄的,就会不断增加喷油脉宽去补偿燃烧。这会让发动机进入恶性循环,火花塞会积累很多污垢,从而导致混合气过浓,最终导致缺缸,使更多未燃烧反应的氧分子经过氧传感器,ECU会在下一个循环再次尝试更浓的混合比,如此往复,达到ECU设定的最大浓度闭环控制点。无论是标准的HEGO传感器还是宽域氧传感器都不可能用漏气的排气去调整发动机混合气浓度。因此在尝试调整前，请先解决发动机排气泄漏的问题。

12）爆震

众所周知，爆震是导致发动机动力下降的元凶，甚至会造成发动机的损坏。造成爆震的原因多种多样，出乎意料的是，解决爆震只需要通过减少点火提前角就可以完成。因此，如果发动机装配爆震传感器，就可以用传感器的信号判定发动机是否发生爆震，当出现爆震时减小点火提前角，爆震得到抑制后再逐步恢复点火提前角，以此达到提高动力、保护发动机的目的。爆震传感器大多为电式共振型传感器，它一般安装在发动机机体上部，利用压电效应把爆震时产生的机械振动转变为信号电压。当发生爆震时的振动频率（约 6000Hz）与压电效应传感器自身的固有频率一致时，即产生共振现象。这时传感器会输出一个很高的爆震信号电压，ECU 可以根据这个信号判定爆震。爆震传感器还有磁致伸缩式和压电陶瓷式。磁致伸缩式主要由磁芯、永久磁铁和感应线圈等组成，当机体振动时，磁心受振偏移，使感应线圈内的磁通量发生变化，而在感应线圈内产生感应电动势。对于压电陶瓷式，当发动机有抖动时里面的陶瓷受到挤压产生一个微弱的电信号。

13）机油压力与温度

机油是发动机正常运行的重要保证。对机油在发动机内的状态进行监测可以防止因机油处于不正常的使用条件，导致润滑失效最终造成发动机磨损的严重情况。发动机机油压力监测可以通过普通油压传感器直接监测，目前市场上有很多汽车、摩托车适用的机油压力传感器，有一些还集成了机油温度传感器，使用更加便利。机油温度是赛车运动中十分重要的参数，如果机油温度出现异常，通常意味着发动机不正常燃烧或存在机械故障；当温度过高时机油为发动机提供的润滑保护也会因为油膜的破损而失效，因此对发动机温度的监测也十分必要。

14）挡位

挡位不仅是赛车运动中车手驾驶赛车的重要依据，还是一些发动机策略执行的判断依据，例如升挡断火、牵引力控制等都需要挡位作为输入信号进行控制。传动系统传动比见表 5.2。

表 5.2 传动系统传动比

项　目	传　动　比	项　目	传　动　比
初级传动比	2.111	三挡传动比	1.667
次级传动比	3.455	四挡传动比	1.444
一挡传动比	2.750	五挡传动比	1.304
二挡传动比	2.000	六挡传动比	1.208

一些发动机配有物理的挡位传感器，其原理是一个旋转的电位器，换挡鼓的旋转带动电位器改变其电阻值或输出电压值，ECU 读取该输出信号判断当前变速箱所处状态；另外一些发动机没有物理的挡位传感器，而是使用曲轴转速与轮速之间的比值算出传动比，根据不

同的传动比确定当前所处挡位,本田 CBR600 发动机就是这种设计,这样的设计虽节省了成本,但在发动机离合器分离的状态下无法得知准确的挡位,进一步影响了一些针对发动机控制的决策,因此车队需要为没有配备物理挡位传感器的发动机设计合适的挡位传感器。一般的思路是在发动机换挡部分加装电位器,根据不同位置输出的不同返回信号作为挡位判定依据。摩托车发动机通常配有空挡传感器,其原理是一个常开开关,当发动机处于空挡时,该开关闭合,一般由指示灯与其串联,空挡时指示灯亮起提示驾驶员。车队可以利用该开关的输出作为一些控制的判定依据。承志车队自行设计的换挡触发机构见图 5.7。

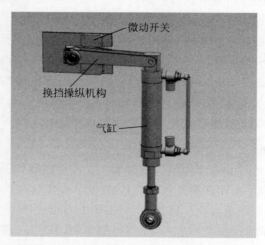

图 5.7 承志车队自行设计的换挡触发机构

2. 发动机 ECU

发动机的 ECU 是控制发动机燃烧的大脑,它相当于之前的化油器,但是更加精确[33]。ECU 使用多种传感器进行反馈控制,使得每次喷射的燃油都可以近乎完全燃烧,从而提供充足的动力。方程式赛车由于进气限流阀的作用,实际进入发动机的新鲜空气数量会减少,原厂的 ECU 虽然会根据这一情况调整喷油脉宽,但是空气数量变化之大已经超出了 ECU 最大调整范围。如果继续使用原厂 ECU 会导致燃烧过浓、动力不足、发动机积碳等问题,所以使用一款可以自己更改参数的独立 ECU 是最好的选择。配合台架实验对发动机进行标定,可以将发动机的潜力全部发挥,为比赛争取关键的动力优势。现阶段多数车队使用的独立 ECU 为 Motec 或 Marelli 旗下的独立控制单元。每家公司都有众多不同价位的 ECU 可供车队选择,车队需要在预算内选择最适合自己使用的 ECU。不同价位 ECU 的区别主要在于可独立控制喷油与点火的数量,信号采集通道的数量,data logger 内存大小,拓展功能如升挡断火、牵引力控制、电子节气门等功能是否授权等。独立编辑的 ECU 还带有功能丰富的 PC 软件,可供使用者在计算机上方便编辑 ECU 的各种功能、对端口进行定义或者调整喷油点火等。还有配套的数据记录分析软件,可以读取储存在 ECU 内数据记录器(data logger)的记录数据。记录的数据类型和通道都可以根据使用者的需求自由定义,配合车载全球定位系统(global positioning system,GPS)和各种传感器,可以更加便利地对车辆进行调校,是车队测试、完善赛车的有力工具。

1) 信号输入

输入 ECU 的信号分为以下种类:

速度类型:传感器根据霍尔效应或者电磁效应设计,一般配合齿圈使用,读取转速信号。例如,凸轮轴传感器、曲轴位置传感器、轮速传感器等。

模拟信号:传感器一般需要供电,输出可以连续变化的电压信号,是一种普遍使用的传感器输出信号形式,如各种位置传感器、压力传感器等。

数字信号:这类型的输入通道只能识别电平的高低,信号不连续变化,只在状态发生变化时突变。如常见的开关信号。

电阻信号:一些类型的传感器输出电阻值作为反馈信号,可以使用 ECU 专用的通道读取,如温度传感器、部分压力传感器等。

2) 信号输出

ECU 的输出通道是 ECU 控制执行器的途径。每种通道的用途都已经经过定义,车队只需要将对应的执行器与 ECU 输出通道与电缆相连就可以进行控制,十分便捷。常见的专用通道包括专门驱动喷油嘴的通道、为点火线圈充电的通道等,还有一些可以由用户自己定义策略的通道,如输出数字信号驱动继电器、输出 PWM 波控制电机等,用户可以自己在 ECU 内制定相应的触发条件,做一些简单的控制。值得注意的是,ECU 内部的数据流都是用控制器局域网络(controller area network,CAN)总线协议进行通信,并且对外部开放,常见的如与 ECU 配合使用的仪表盘,就是 ECU-CAN 线上的一个节点,可以用于接收 ECU 发出的信号并显示在仪表盘上,仪表使用的 CAN 已经被定义,更改传输数据的类型和通道需要专用软件进行编辑,车队也可以方便地进行更改。

ECU 还有开放的多路用户 CAN 可供车队使用,每一路 CAN 都可以独立进行编辑,用户可以自由增加 CAN 节点和设置识别 ID 进行数据的传递,甚至可以编辑数据传递的速率。这给车队带来很大的拓展空间,车队可以使用 ECU 发出的数据进行各种控制如 DRS、自动升挡,还可以将采集到的数据使用无线电台实时发送至上位机用于车队对车辆状态的实时监测等。

3) 升挡断火

升挡断火也称为快速换挡。其原理是根据摩托车变速箱无同步器的结构特点,在发动机识别到车手要进行换挡操作时,通过切断喷油/点火的形式减小发动机的动力输出,从而使结合套卸载,可以自由脱离并与将要换入挡位的齿轮接合,完成换挡后再恢复动力。整个过程在 0.2s 左右完成,十分迅速,而且车手在换挡过程中无须改变节气门的位置,实际使用中几乎很难察觉到其间的动力中断，可以说是无间断动力传输。独立编辑的 ECU 通常带有升挡断火功能，用户将升挡信号输入 ECU，ECU 可以执行定时切断点火/喷油或者使用挡位传感器进行反馈控制，在定时结束或换挡完成时，挡位传感器反馈到下一挡位信号后恢复动力。

4) 起步控制

起步控制又称弹射起步，赛车在使用该功能时将节气门全开，但是发动机转速会被 ECU 限制在设定的数值，以防止起步时驱动力过大造成驱动轮打滑导致时间损失。使用起步控制时要使离合器处于半接入状态，防止突然接合离合器给传动系统带来太大的载荷或导致发动机停转。松开离合器后由于发动机的动力水平较高，在转速上升的过程中可能还会导致车轮打滑，这时需要牵引力控制系统的介入或者使用坡度转速恢复的功能，来防止这一情况的出现。

赛车在行驶中发动机提供的驱动力和行驶阻力的平衡关系如式(5.1)所示：

$$F_t = F_f + F_i + F_w + F_j \tag{5.1}$$

式中，F_t 为驱动力，其表达式为式(5.2)：

$$F_t = \frac{T_{tq} i_g i_0 \eta_T}{r} \tag{5.2}$$

式中，T_{tq} 为发动机转矩；i_g 为发动机变速齿轮传动比；i_0 为赛车固有传动比，这里取初级传动比与次级传动比的乘积，即

$$i_0 = 7.294 \tag{5.3}$$

η_T 为传动系的机械效率，取值 0.85；r 为车轮半径，取值 0.229m。

式(5.1)中，F_f 为赛车行驶过程中轮胎与地面之间的滚动阻力，见式(5.4)：

$$F_f = Wf \tag{5.4}$$

式中，W 为车轮负荷，这里近似取值为赛车总质量与当地重力加速度的乘积，即 2126N；f 为车轮与地面之间的滚动阻力系数，良好的路面或混凝土路面的滚动阻力系数的数值为 0.010～0.018，由于赛车轮胎附着能力更强，与地面间附着系数可达 1.4，且滚动阻力偏大，取 $f = 0.016$。

式(5.1)中，F_i 为赛车行驶过程中需要克服的坡度阻力，因为直线加速赛在水平路面上进行，所以 $F_i = 0$。

式(5.1)中，F_w 为赛车在行驶过程中由于空气的作用而受到的空气阻力，见式(5.5)：

$$F_w = \frac{C_D A u_a^2}{21.15} \tag{5.5}$$

式中，C_D 为空气阻力系数，经 ANSYS 流体分析，目标测试车辆 C_D 取值为 1.1；A 为赛车的迎风面积，取值为 1.2m²；u_a 为赛车的行驶速度，单位为 km/h，表达式为式(5.6)：

$$u_a = 0.377 \frac{rn}{i_g i_0} \tag{5.6}$$

式中，n 为发动机转速。

式(5.1)中，F_j 为赛车加速时，其质量的部分需要克服惯性产生的加速阻力，其表达式如式(5.7)所示：

$$F_j = \delta m \frac{du}{dt} \tag{5.7}$$

式中，δ 为汽车旋转质量换算系数，表达式为式(5.8)：

$$\delta = 1 + \frac{1}{m}\frac{\sum I_w}{r^2} + \frac{1}{m}\frac{I_f i_g^2 i_0^2 \eta_T}{r^2} \tag{5.8}$$

式中，I_f 为飞轮的转动惯量，单位为 $kg \cdot m^2$，由于赛车所用发动机没有飞轮结构，所以 $I_f = 0$。I_w 为车轮的转动惯量，取值为 $0.225 kg \cdot m^2$。

在 MATLAB 中输入上述公式及参数，得到赛车驱动力与行驶阻力的平衡图，如图 5.8 所示。

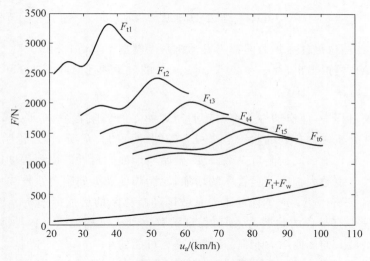

图 5.8 驱动力与行驶阻力的平衡图

根据式(5.9)可以计算赛车在行驶过程中各挡位在使用转速范围内的加速度：

$$\frac{du}{dt} = \frac{1}{\delta}[F_t - (F_f + F_w)] \tag{5.9}$$

根据式(5.9)可以在 MATLAB 中绘制赛车在加速过程中车速与加速度倒数的关系，加速度随挡位升高而减小，如图 5.9 所示。

由运动学公式(5.10)可以得知

$$t = \int_{u_1}^{u_2} \frac{1}{a} du \tag{5.10}$$

赛车在加速过程中所用的时间是图 5.9 中曲线与 x 轴围成的最小面积，由于图中曲线

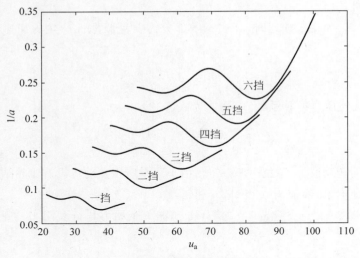

图 5.9 车速与加速度倒数的关系

没有交点,因此各挡位最佳换挡时间都为发动机最高转速 11 500r/min。

经 MATLAB 模拟得出,赛车在 20~100km/h 的最短加速时间为 3.17s。

5) 牵引力控制

赛车在行驶过程中,所有的性能都由轮胎与地面之间的附着力体现。保证轮胎与地面间的附着力始终处于较为良好的状态是牵引力控制的目的。众所周知,轮胎与地面间的相对滑动会引起轮胎与地面间的附着系数改变,轮胎与地面间滑动的剧烈程度用滑移率描述,滑动越严重滑移率也越大。随着滑移率的增加,轮胎与地面纵向附着系数先增后减,其最大值出现在滑移率 15% 附近;而侧向的附着系数则随滑移率的增加而递减。因此,若要保证赛车在直线加速中有最佳的附着力,则要保证滑移率处于正确的区间;若要保证赛车在弯道中轮胎能提供最大的侧向力,则要保证滑移率尽可能的小。

ECU 可以设定不同转速、不同挡位下的目标滑移率,而且可以配合控制旋钮执行不同的设定,例如干地和湿地可以执行不同的目标滑移率,由车手自行选择。ECU 根据采集的轮速信号计算滑移率,如果超过目标值就对发动机进行切断喷油或者点火策略控制动力输出,使滑移率稳定在目标值附近。车手不需要使用节气门控制轮胎与地面的相对滑动,只需要将其保持在较大开度,计算机会在出现相对滑动时自行控制,减少了因车手控制失误导致赛车失控的概率,同时保证了轮胎与地面间最大的附着系数,使赛车的成绩得到提升。

3. 发动机线束

如果说 ECU 是控制发动机的大脑,发动机线束就是连接大脑和躯干的神经(图 5.10)。线束的稳定性决定了赛车能否顺利完赛。因此一套可靠、轻量的赛车线束是每个车队都应该拥有的。在选用电缆时,一般选用铜芯的汽车专用信号电缆,不能用劣质的镀锌内芯电缆代替。两种电缆在外观上很好区分,汽车专用电缆内芯较粗,占电缆横截面积的大部分;劣质电缆内芯细,占电缆横截面积小。车队需要根据电缆用途和自身设计要求选用直径合适的电缆。电缆和传感器需要用防水接头进行连接,供电线路需要用保险丝进行保护,电流较大的控制电路需要使用继电器进行控制。在整套线束制作完成后,需要使用波纹管等材料将线束捆扎结实,防止电缆在赛车中来回摆动;在捆扎电缆时不要将电缆弯曲过小的角度,以防止电缆内部铜芯断裂造成线路故障。

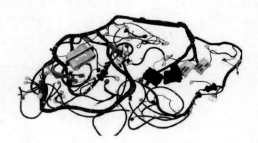

图 5.10 发动机线束

5.8 发动机传动系统

不同于普通汽车变速箱,摩托车发动机集成的变速箱没有同步器,结合套与齿轮间的接合采用狗牙式的设计,变速齿轮不同组合的啮合由换挡鼓的旋转运动驱动,换挡拨叉安装在换挡鼓的轨道上,可以左右移动。在换挡鼓旋转时,换挡鼓上的凹槽位置发生左右变化,带动拨叉左右运动选择不同的齿轮组和啮合传递动力。相较于传统汽车变速箱,整套变速系统的零件数少,整体质量更轻,同时减少了结构的复杂性,增加了设计的可靠性。但使用这类变速箱时,由于没有同步器,换挡时冲击较大,噪声以及换挡的平顺性不好。在比赛中使用时,以上不足之处可不予考虑。由于采用摩托车使用的序列式变速箱,其挡位顺序为1-N-2-3-4-5-6,一挡传动比一般较其他挡位大很多,不适合在比赛中使用,因此车队经常将使用的挡位通过各种方法设定为 N-2-3-4-5-6,还有车队曾拆除了 1 挡的变速齿轮。

1. 气动换挡

根据序列式变速箱换挡机构操纵方式的特点,使用双作用气缸向两个方向操纵换挡杆以完成升挡降挡操作的气动换挡系统已逐渐成为各车队的标配。这套系统工作稳定可靠,换挡效率及成功率都很高,极大地为车手换挡提供了便利,因此受到各车队的青睐[35]。气动换挡流程见图 5.11。

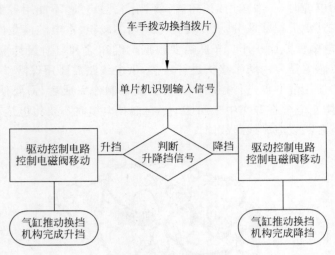

图 5.11 气动换挡流程

1) 换挡系统

换挡系统见图 5.12。一套最简单的气动换挡机构由储气瓶、减压阀、气缸、电磁阀、控制电路组成。储气瓶将空气压缩储存在其中,不同尺寸的储气瓶可以提供不同的换挡次数,车队可以根据自身需要及轻量化设计的要求选用适合自己的储气瓶。减压阀与储气瓶直接相连,作用是将储气瓶中的高压气体减压输出,以推动气缸完成换挡使用,否则储气瓶中的高压气体会超过气缸最大承受压力而造成损坏。一个简单的双作用气缸就可以满足换挡的基本需要,车队需要根据发动机换挡臂操纵需要的拉力和传动机构的力臂等计算出选用气缸的直径和工作行程。在输入气体压力一定的情况下,气缸直径越大所能提供的推/拉力也越大。

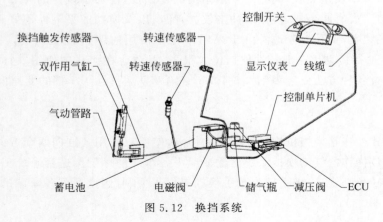

图 5.12 换挡系统

一般选用三位五通电磁阀配合双作用气缸使用。当电磁阀处于中间位时,气缸泄压也处于中间位;当电磁阀移动到一边的位置时,气缸向一个方向移动;电磁阀移动到相反工位时,气缸向反方向移动。控制电路由处理信号的单片机和换挡拨片组成。单片机由车载蓄电池供电,采集换挡拨片的触发信号,采集到触发信号后命令电磁阀按指令移动到指定工位,完成换挡操作。

2) 离合系统

在基本气动换挡系统中,一个熟练的车手可以在没有升挡断火和离合器的配合下使用油门与拨片配合完成升挡降挡操作。由于在升降挡时不需要对离合器进行操作,离合器仅在起步时使用,因此可以使用机械式离合拉杆操纵离合器。车队还可以使用气动离合进一步实现自动化。气动离合原理与气动换挡机构类似,使用一个两位三通电磁阀控制单作用气缸实现对离合器的操纵。在配备了气动离合的赛车上,车队可以使用升挡断火和通过离合器配合降挡等控制策略,进一步降低车手的操作负担。在成功使用上述策略后,车手只通过离合器拨片就可以实现顺畅高效的换挡操作,性价比极高,是车队向高水平车队目标前进的基本配置。

使用气动离合时,可以在控制气动离合气缸泄压的阀门处串联一个控制流量的泄气阀,并用电磁阀控制其状态。当赛车需要平稳启动时,控制气体经该阀门通过,离合器缓慢松开,赛车平稳起步,车手只需要踩动油门踏板即可;当执行弹射起步时,通过延时控制或使用位置传感器进行闭环控制,使用该阀门将离合器置于半联动状态,再控制气体不经该阀门直接释放,离合器瞬间接合,可以实现精确高效的弹射起步;在赛车需要停止时,可以关闭气缸的泄压阀,使气缸保压,离合器一直处于分离状态,在无法更换至空挡时使用十分方便。

2. 电动换挡

电动换挡也是一种高效的自动化换挡系统。该系统一般使用伺服电机或者舵机作为动力源,操纵换挡执行机构完成换挡。该系统需要设计额外的机械结构将电机的旋转运动转化为所需的直线位移或其他运动,对转化机构的效率及稳定性提出了很高要求。电动换挡系统相比气动换挡系统,因无气体泄漏等因素,提高了系统的可靠性;电动换挡系统在质量方面较气动换挡系统也更具优势。但在设计使用中车队需要对该系统的耗电量进行优化,以保证不会对赛车的供电造成影响,同时要注意电机的散热问题对系统可能造成的影响。

3. 机械换挡

摩托车发动机的换挡机构操纵便捷,只需要推/拉即可实现挡位的更换。车队可以设计由连杆或钢索组成的机械换挡结构,由车手通过操纵杆进行换挡操作。由于机械换挡设计布置简单,可靠性极高,也有一些车队在使用。但是该换挡方式对车手的要求更高,尤其在需要频繁更换挡位的冲刺赛中,车手对机械机构的操作十分困难,因此会造成换挡的准确性和效率降低,最终影响比赛成绩,因此不推荐使用。

4. 自动换挡

大学生方程式系列赛事已经在中国举办了14年,各车队在技术方面已经有了一定程度的积累,自动换挡系统就是近年来各车队相继开发的自动控制系统。在75m直线加速赛中,车手需要在4s的时间内完成4次换挡,需要对每次的换挡时机都准确把握,实际过程中车手往往不能准确地控制赛车的升挡时机,进而由于变量的多重性,对赛车的调校也变得更加困难。因此,由单片机控制的自动升挡系统应运而生。自动升挡系统由单片机采集发动机转速、节气门开度等关键信号,配合轮速、挡位等车辆状态信号实行控制。该系统在直线加速赛中可以将赛车性能发挥到极致。单片机可以根据赛车发动机的动力特性,在不同挡位设定目标触发转速信号,在采集到该目标转速后在瞬间执行换挡操作,由此带来的换挡稳定性与换挡的即时反应是车手无法达到的。自动换挡系统可以配合升挡断火、转速坡度恢复等多种控制,在换挡及弹射起步时控制每次赛车练习的变量参数,为赛车的调校带来极大的便利性。自动升挡与车手控制升挡效果对比见图5.13。

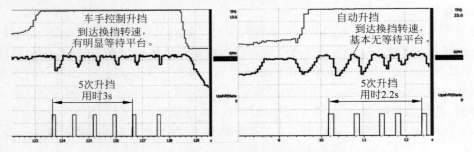

图5.13 自动升挡与车手控制升挡效果对比

车手在直线加速赛中,只需要对目标换挡转速进行设定,配合弹射起步系统就可以高质量完成比赛,极大地减轻了车手对赛车的控制负担和由车手状态不稳定性引起的成绩波动。

根据《中国大学生方程式汽车大赛规则(2023)》,允许电子节气门进行降挡补油操作,车队可以在降挡时不使用离合器,而采用补油的策略完成降挡,进一步提升了换挡的效率,同时更加便于实施自动控制。

第 6 章 电子系统

汽车电子的各个系统中,往往需要采用车用微控制单元(micro controller unit,MCU)作为控制的核心。MCU 作为汽车电子系统内部运算和处理的核心,也遍布悬架、气囊、门控和音响等几十种子系统(sub-system)中。各种电子系统设备已经非常成熟,但是由于产业机密与竞争关系,大多数电子设备一般都不进行开源处理。对于大学生来说,开源就意味着能够学习和自制同样功能的电子设备,而不是只知道使用方法,但是由于一些技术上和时间上的原因,需要客观地判断是否需要自制,复杂的电子设备不建议自制,而更倾向于买成品,简单的电子设备可以自制。

本章将重点介绍 MCU 与电子产品在汽车中的原理与作用,让读者能够学习并自行研发出自己的个性产品,提升赛车的整体性能。

6.1 MCU 简介

MCU 又称单片机(single chip microcomputer),是把中央处理器(central processing unit,CPU)的频率与规格做适当缩减,并将内存(memory)、定时器(timer)、USB、A/D 转换、UART、可编程逻辑控制器(programmable logic controller,PLC)、直接存储器访问(direct memory access,DMA)等周边接口,甚至 LCD 驱动电路都整合在单一芯片上,形成芯片级的计算机,为不同的应用场合做不同组合控制。MCU 在赛车中的作用就像是大脑与身体一样。

MCU 的优点:

(1) 体积小,集成度高;

(2) 能应用于各种工况;

(3) 低成本,低能耗,控制能力强;

(4) MCU 所搭载的嵌入式系统专一性强。

1. STM32F103 简介

STM32F 系列属于中低端的 32 位 ARM 微控制器,该系列芯片由意法半导体(ST)公司出品，其内核是 Cortex-M3。

该系列芯片按片内闪存的大小可分为三大类：小容量（16KB 和 32KB）、中容量（64KB 和 128KB）、大容量（256KB、384KB 和 512KB）。

该系列芯片集成了定时器、CAN、ADC、SPI、I2C、USB、UART 等多种功能。

2. STM32F103 系列详细说明

1）内核

（1）ARM 32 位的 Cortex-M3；

（2）最高 72MHz 工作频率，在存储器的 0 等待周期访问时可达 1.25DMIPS/MHz（DhrystONe2.1）；

（3）单周期乘法和硬件除法。

2）存储器

（1）从 16KB 到 512KB 的闪存程序存储器（STM32F103XXXX 中的第二个 X 表示闪存容量，其中："4"=16KB，"6"=32KB，"8"=64KB，B=128KB，C=256KB，D=384KB，E=512KB）；

（2）最大 64KB 的静态随机存取存储器（static random access memory，SRAM）。

3）电源管理

（1）2.0～3.6V 供电和 I/O 引脚；

（2）上电复位（power on reset，POR）/断电复位（power down reset，PDR）、可编程电压监测器（programmable voltage detector，PVD）；

（3）4～16MHz 晶体振荡器；

（4）内嵌经出厂调校的 8MHz 的 RC 振荡器；

（5）内嵌带校准的 40kHz 的 RC 振荡器；

（6）产生 CPU 时钟的锁相环（phase locked loop，PLL）；

（7）带校准的 32kHz 的 RC 振荡器。

4）低功耗

（1）睡眠、停机和待机模式；

（2）Vbat 为实时时钟（real time clock，RTC）和后备寄存器供电。

5）模数转换器

（1）2 个 12 位模数转换器，1μs 转换时间（多达 16 个输入通道）；

（2）转换范围：0～3.6V；

（3）双采样和保持功能；

（4）温度传感器。

6）DMA

（1）2个DMA控制器，共12个DMA通道：DMA1有7个通道，DMA2有5个通道；

（2）支持的外设：定时器、ADC、SPI、USB、I2C和UART；

（3）多达112个快速I/O端口（仅Z系列有超过100个引脚）；

（4）26/37/51/80/112个I/O口，所有I/O口一块映射到16个外部中断；几乎所有的端口均可容忍5V信号。

7）调试模式

（1）串行单线调试（serial wire debug，SWD）和JTAG接口；

（2）多达8个定时器；

（3）3个16位定时器，每个定时器有多达4个用于输入捕获/输出比较/PWM或脉冲计数的通道和增量编码器输入；

（4）1个16位带死区控制和紧急制动，用于电机控制的PWM高级控制定时器；

（5）2个看门狗定时器（独立的和窗口型的）；

（6）系统时间定时器：24位自减型计数器；

（7）多达9个通信接口：2个I2C接口（支持SMBus/PMBus）；3个USART接口（支持ISO7816接口、LIN、IrDA接口和调制解调控制）；2个SPI接口（18MB/s）；CAN接口（2.0B主动）；USB 2.0全速接口。

8）计算单元

循环冗余校核（cyclic redundancy check，CRC）计算单元，96位的新批唯一代码。

9）封装

ECOPACK封装。

3. STM32F103应用

当确定使用了STM32F103后，接下来就是如何学习并应用它，首先，由于有大量的资料，学习步骤也已经具体化，所有的教学视频基本都是开源的。为了达到方便有效的学习，推荐使用STM32F103开发板，这样可以节约大量的时间。

在介绍硬件后再介绍软件，可以使用基于C/C++语言环境的编译器，如KEIL和ST公司的STM32CubeIDE，原理都是一样的，建议和教学视频一致即可。

6.2 认识电路绘制软件

在学习如何编程控制MCU后，这时候会遇到一个问题：使用的开发板上有很多可能在运用的过程中使用不到的模块功能，但是它们占据了大量的体积，所以要绘制属于自己的电路板。

首先介绍两款软件：Altium Designer 与立创 EDA，这两款都是电子线路绘制软件，各有优点与缺点。推荐使用立创 EDA，这款软件很适合新手入门使用。

6.3 电源系统

FSAE 赛车的车载蓄电池通常为 12～14V。ECU 与启动电机的工作电压基本都在这个范围(图 6.1)，ECU 自带了 5V 电压的输出口，但由于功率限制，这些输出口的输出电流有限，这就需要自行添加 5V 稳压。

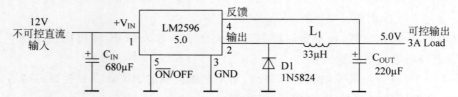

图 6.1 采用了 LM2596 输出电流最大可达到 3A，输入电压为 7～40V

稳压是将输入电压降低成稳定的输出电压(图 6.2)，但是有时候当输入电压大幅度波动时，输出的电压也会有波动。所以针对这一情况，引入一个抗波动的模块(图 6.3)。

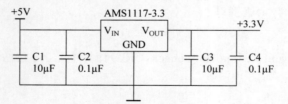

图 6.2 3.3V 的稳压电路

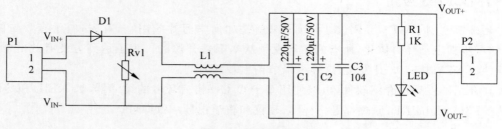

图 6.3 抗波动模块

6.4 放大电路

这里讲的是处在饱和放大区，处在线性放大区可以理解为，如果输出一个信号，输出的放大信号与输入信号有一个比值,而饱和放大区的基本输入和输出没有关系,只要有输入信号,就有输出信号且大小一样。

1. 达林顿管

达林顿管(典例 ULN2803)的控制原理是放大小信号,本质是三极管组合电路,所以它的开闭速度非常快,能够在人反应不过来的速度内任意开闭,但是达林顿管有个缺点,它不能驱动大功率的设备,ULN2803(图 6.4)最大一个口输入为 0.5A,算上 12V 电压则不能驱动超过 6W 的 12V 额定设备,但是对于控制换挡来说绰绰有余。

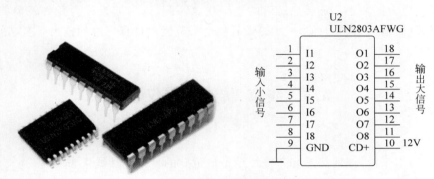

图 6.4　ULN2803APG

2. 继电器模块

由继电器模块(图 6.5)设计的放大电路简单、方便,但是由于继电器的机械结构,它不能实现很快的开闭,所以有一定的机械延时,对于不需要特别快速的控制可以采用继电器模块控制。

图 6.5　继电器模块

3. 换挡电路

将上述两个放大元件运用在换挡电路上。简易流程见图 6.6。首先,要在程序里写出一个换挡的程序,具体就是识别到一个开关按下时,执行 IO 口电平的变化,然后将这个 IO 口作为输入的小信号接到上述放大元件的 2 个输入口,将输出口与换挡用的电磁阀相连,图 6.6 中的单片机与放大电路就相当于开关。

图 6.6 简易流程

关于与电磁阀连用的气缸的选定,气缸的 2 个主要参数是行程与缸径,行程决定推拉的长度,缸径决定力的大小。连接头螺纹的规格注意匹配,选用与设计力臂以及需要的力,一般情况下储气瓶输出的压力在 0~0.8MPa,在这个范围内计算气缸的推力(CBR600 离合扭矩大约在 14N·M)。

6.5 线束、传感器与仪表等

1. 线束

对于电控组来说,如何接好和布好线束是最重要的。在设计线束布置时,先确定各设备的固定位置和其他组的设计装配,确定是否有干涉。线束比较灵活可以绕开其他组的部件,允许在 UG 里面用长圆柱来代替线束的走线。长圆柱可以先画线,然后用管的命令,具体可以参考车架钢管的画法。

线束要实现耐用、防水、防震三防功能。对于布线要尽量避开热源,每根裸露的线都要在外面布置一层保护层,可以是电工胶,也可以是热缩管、波纹管等。对于电工胶,一般电工胶耐热为 80℃,所以布置在发动机上的线都不宜采用电工胶,而是应该采用抗高温和阻燃的波纹管。

每个 ECU 的线束接法都要参考说明书,所以不能一并概括。《中国大学生方程式汽车大赛规则(2023)》里详细地列举了其中一部分电路——熄火电路的接法。对于大电流电路控制开闭的时候,建议使用继电器与保险丝的组合进行控制,这样能保证电子线路的安全性。

2. 传感器

1)转速传感器

测量转速的传感器通常有两种:电磁式传感器与霍尔传感器。

(1)电磁式传感器

根据电磁感应定律,当通过闭合导电回路的磁通量发生变化时,回路内就会产生感应电动势,其大小与磁通量的变化率有关:当转速提高时,电磁式传感器感应电压脉冲频率提高,感应电压亦提高;低速时,尤其是转速接近于0时,感应电压过低,会导致无法测得转速信号。所以电磁式转速传感器具有低速性能差的缺点。

(2) 霍尔传感器

霍尔效应是指当电流垂直于外磁场通过导体时,在导体垂直于磁场和电流方向的两个端面之间会产生电势差。霍尔传感器的输出电压与被测物体的运动速度无关,因此它的高、低速特性都很好。其下限速度可以接近于0,上限速度理论上不受限制。

2) 发动机转速

发动机转速是仪表显示的重要数据之一。发动机转速传感器一般都会被占用,故若想获得这一信号可使用ECU方波输出,或者读取CAN数据。

3) 轮速

轮速传感器一般都是霍尔传感器。传感器的齿圈一般由车队自行制造,材料要求为磁性材料,可以选择45号钢,齿圈必须可靠地安装在轮毂上。使用轮速传感器有以下优点:首先,霍尔传感器低速性能好,如果使用的是开关型霍尔传感器,则直接输出数字量,不必考虑波形整形;其次,对于后驱赛车而言,前轮轮速传感器可以比较真实地反映车速。但是,如果发动机ECU需要使用进阶功能,如起步控制、牵引力控制等,则必须要求轮速传感器作为发动机ECU的输入信号。这样一来,轮速传感器就被发动机ECU占用了。在这种情况下,最好的解决方式是适当配置发动机ECU,使其将轮速传感器信号通过CAN总线或脉冲信号输出到主芯片中。

3. 仪表

重点介绍LCD与数码管两种方式,LCD是现在最常用的显示屏幕(图6.7),能做到高分辨率、高色彩等,但由于其物理性质,对外界光线的强烈敏感,光太亮就看不清屏幕,必须调高LCD的背光度,LCD屏幕能自定义显示的内容比较丰富。

与LCD相比,数码管结构简单,数码管实际上就是几个灯的组合体,一个数码管由8个小灯组成,显示的内容比较单调,数码管的抗光性强,即使在光强度大的地方也能看得清,如图6.8所示。

图6.7 LCD屏幕

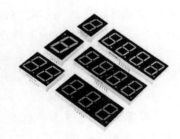

图6.8 数码管

4. 挡位

挡位显示常常是仪表中最为突出的一路信号,但是它的精确测量难度比较大。挡位测量主要有以下两种方法。

1) 求商法

求商法就是利用发动机转速与车速计算得到当前的挡位。如果车速取自变速箱输出轴,则挡位可按以下方法计算:

$$i = \frac{T_{eng}}{T_{spd}} \tag{6.1}$$

式中,T_{eng} 为发动机转速,单位为 r/min;T_{spd} 为变速箱输出轴转速,单位为 r/min;i_n 是求得的第 N 挡的变速箱传动比,查阅变速箱手册可知 i 是第几挡。求商法最大的优点是完全利用已有的信号,不必做大的改动,方便快捷;缺点是只能测出动态挡位,无法测出静态挡位,离合器一旦脱离接合,所求得的商也是没有任何意义的。故一般离合器脱离接合,即显示为空挡。

2) 空挡传感器

CBR60 的序列式变速箱只有空挡传感器,空挡传感器大多只有一个输出端,以输出端或车载电源的电压来分辨变速箱是否处于空挡。由于车载电源电压较高,故需要分压。

6.6 制作制动可信度检查系统

制动可信度检查系统,简称 BPSD。BPSD 是刚加入的新规则,用途是检测制动的可信度,换句话说就是检测当前驾驶员的主观意识是否真正地想制动。如果驾驶员在节气门开度维持在怠速的 10% 以上,但是却踩下了大程度的制动超过 500ms,BPSD 会认为驾驶员做出了不可信的操作,BSPD 会通过熄火电路使赛车熄火。所以 BSPD 要非常稳定。这也是规则上写了为什么要用非编程电路的原因。关于 BSPD 的详细要求请仔细熟读规则,搭建 BSPD 的原理见图 6.9,方法如下。

首先需要掌握运算放大器的知识,详细请见《模拟电子技术》有关书籍。

先看关于 1 运算放大器的器件连接图。首先由 SENS_2 输入信号,R118 和 R123 的作用是稳定信号。1 运算放大器的负端接 SENS_2 的输入信号,另一端接的是可调节的电压分置电路,用来输入一个比较电压,并且这个电压是上界限,如果 SENS_2 输入的电压小于偏置电压,1OUT 就会输出高电平 1,这时候高电平 1 代表没有触发。同理还有一个下界限那就是 2 运算放大器,它主要用于检测输入电压的下限。关于上限电压取值多少与实际设计的节气门怠速开度超过 10% 的位置时 SENS_2 的输入电压有关。输出 1OUT 与 2OUT 为或关系,即只要有一个运算器触发,输出就是低电平 0。

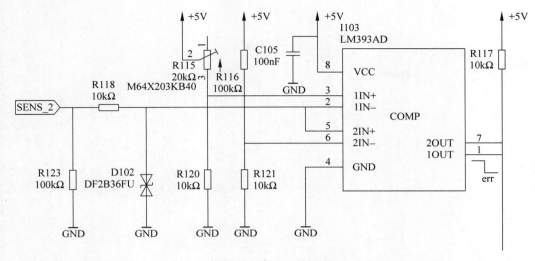

图 6.9　LM393 接法图

需要 2 个 LM393 分别采取 2 个传感器,它们分别是读取制动踏板位置的直线位移传感器和读取制动压力的压力传感器。当采集到 2 个 LM393 的输出信号时,需要进行一个比较,直到正常连接制动踏板的 LM393 基本都是输出低电平 0,所以当连接制动的压力传感器的 LM393 输出为低电平 0 时,此时要触发系统熄火,默认为 1 为熄火,列一个真值表(见表 6.1)。

表 6.1　真值表

踏　板	制　动	熄 火 状 态
0	0	1
1	1	0
1	0	0
0	1	0

由表 6.1 可知,只要有一个没在触发状态,就不执行熄火电路,这个时候引入一个或非门比较器(图 6.10)就行。到此就设计好了输入部分的电路,还需要做到将输出的动作延迟 500ms 与触发后 10s 自动复位或上电重新复位。延时电路与复位电路见图 6.11。

由图 6.11 可知,输入信号经过一个 RC 延时电路,提供了 500ms 的延时时间。接下来的分析与 LM393 同理,但是这里是将 1OUT 重新输入 2 运算放大器制作复位电路,T101 是场效应管,在这里相当于一个开关的作用,当 1OUT 输出低电平 0,相当于 2IN-接入 5+的电压,此时 2OUT 输出低电平,熄火动作立刻触发。当触发停止后,由于 C104 和 R119 构成一个延时电路,此时电路上的电压会从 5V 缓慢下降,直到 2IN+的阈值,此时需要 10s 的时间。熄火执行电路见图 6.12。

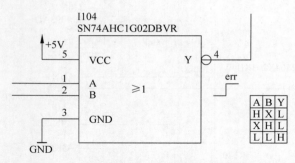

图 6.10　SN74AHC1G02DBVR 或非门比较器

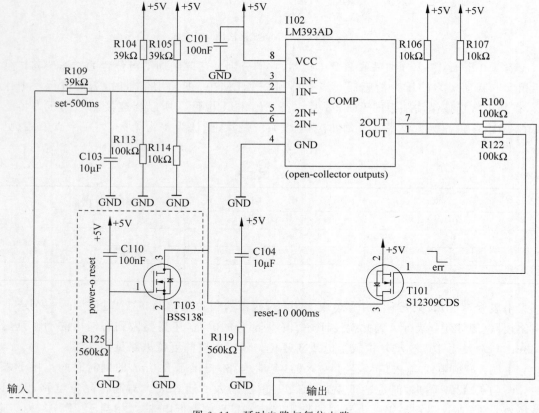

图 6.11　延时电路与复位电路

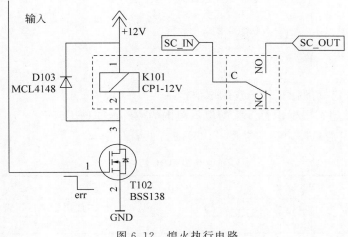

图 6.12　熄火执行电路

6.7　CAN 通信的详解

CAN 总线协议规定了好几种帧类型,但是对于应用来说,只有数据帧和远程帧可以通过软件编程来控制。而数据帧和远程帧最大的区别在于:远程帧没有数据域。数据帧分为标准数据帧和扩展数据帧,它们之间最大的区别在于:标识符(ID)长度不同(标准帧为 11 位,扩展帧为 29 位)。标准数据帧见图 6.13。

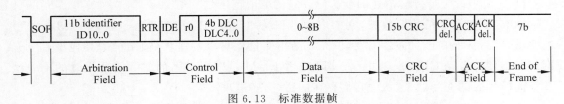

图 6.13　标准数据帧

CAN 总线上的节点接收或者发送数据都是以帧为单位。假如要发送一个字节的数据:0x5A,是不是像串口发送数据那样,直接把 0x5A 写入发送缓冲寄存器,然后发送就可以了呢? 由于 CAN 总线上的数据都是以帧为单位的,必须按照帧的格式填充它。ST 库函数已经提供了一个结构,只需要填充该结构就可以了。

这个结构为

```
typedef struct
{
uint32_t StdId;        //标准帧 ID,如果您要发送扩展帧,可以不管它
uint32_t ExtId;        //扩展帧 ID,如果您要发送标准帧,可以不管它
uint8_t IDE;           //您是想发送标准帧还是扩展帧
```

```
uint8_t RTR;              //您是想发送数据帧还是远程帧
uint8_t DLC;              //您想发送数据的长度
uint8_t Data[8];          //您想要发送的数据
} CanTxMsg;
```

其中:

StdId 用来设定标准标识符。它的取值范围为 0～0x7FF。

ExtId 用来设定扩展标识符。它的取值范围为 0～0x1FFFFFFF。

IDE 用来设定消息标识符的类型。IDE 的值见表 6.2。

表 6.2　IDE 值

IDE	描　　述
CAN_Id_Standard	使用标准标识符
CAN_Id_Extended	使用扩展标识

RTR 用来设定待传输消息的帧类型。它可以设置为数据帧或者远程帧。RTR 的值见表 6.3。

表 6.3　RTR 值

RTR	描　　述
CAN_RTR_Data	数据帧
CAN_RTR_Remote	远程帧

DLC 用来设定待传输消息的帧长度。它的取值范围是 0～0x8。

Data[8] 包含了待传输数据,它的取值范围为 0～0xFF。先声明一个 CanTxMsg 类型的变量,然后按照自己具体的需要,填充此结构变量就可以发送了(帧结构中其他没有填充的部分由硬件自动完成)。这里的 StdId 或者 ExtId 是根据自己的实际需要设置的。先抛开它们所代表的实际意义,认为它们存在的目的是"进攻"。

通过过滤进行接收,STM32 参考手册中提到:bxCAN 控制器为应用程序提供了 14 个位宽可变的、可配置的过滤器组(13～0)(互联型有 28 个)。每个过滤器组的位宽都可以独立配置,可以配置成 16 位或者 32 位。过滤器组还可配置为屏蔽位模式或标识符列表模式。

先来理解一句话:共有 14 个过滤器组,每个过滤器组 x 由 2 个 32 位寄存器,CAN_FxR1 和 CAN_FxR2 组成。

理解了一个过滤器组,其他的都可以以此类推。

首先看一个 32 位过滤器——标识符屏蔽的情况,CAN_FxR1 作 ID,CAN_FxR2 作屏蔽,如图 6.14 所示。

图 6.14 中的 ID 和自己发送的帧里面的 ID 没有关系,在硬件上属于不同的寄存器。这个 ID 也是根据自己的实际需要设置的。先抛开它们所代表的实际意义,它们存在的目的是

ID	CAN_FxR1[31:24]	CAN_FxR1[23:16]	CAN_FxR1[15:8]	CAN_FxR1[7:0]		
屏蔽	CAN_FxR2[31:24]	CAN_FxR2[23:16]	CAN_FxR2[15:8]	CAN_FxR2[7:0]		
映像	STID[10:3]	STID[2:0] EXID[17:13]	EXID[12:5]	EXID[4:0]	IDE RTR	0

图 6.14 一个 32 位过滤器——标识符屏蔽

"防守"(过滤别人发送过来的帧的 ID)。图 6.14 中的屏蔽和 ID 共同配合完成过滤。这里的映像是假定收到的帧的 ID 信息。下面举例说明。

(1) 假如只想收到别人发过来的 ID 为 0x317 的标准数据帧：

0X317 二进制位：011 0001 0111

那么可以这样设置：

CAN_FxR1：0110 0010 111X XXXX XXXX XXXX XXXX X00X（ID）

CAN_FxR2：1111 1111 1110 0000 0000 0000 0000 0110（屏蔽）

这里设置的是想要收到的数据帧的 ID。

这里为 1 的位，意味着收到的数据帧中相应的 ID 位必须和设置的 ID 位一样(必须匹配)。

(2) 假如想收到别人发过来的 ID 为 0x310 到 0x317 的标准数据帧，那么可以这样设置：

CAN_FxR1：0110 0010 xxxX XXXX XXXX XXXX XXXX X00X（ID）

CAN_FxR2：1111 1111 0000 0000 0000 0000 0000 0110（屏蔽）

xxx 就代表 000 到 111 的任意组合。

这里为 0 的位，意味着收到的数据帧中相应位的 ID 不一定非要与设置的 ID 一样(不用关心)。

(3) 假如想收到别人发过来的 ID 为 0x000 到 0x7FF 的标准数据帧，那么可以这样设置：

CAN_FxR1：xxxx xxxx xxxX XXXX XXXX XXXX XXXX X00X（ID）

CAN_FxR2：0000 0000 0000 0000 0000 0000 0000 0110（屏蔽）

接下来看两个 32 位过滤器——标识符列表模式，CAN_FxR1 和 CAN_FxR2 都作为 ID，见图 6.15。

ID	CAN_FxR1[31:24]	CAN_FxR1[23:16]	CAN_FxR1[15:8]	CAN_FxR1[7:0]		
ID	CAN_FxR2[31:24]	CAN_FxR2[23:16]	CAN_FxR2[15:8]	CAN_FxR2[7:0]		
映像	STID[10:3]	STID[2:0] EXID[17:13]	EXID[12:5]	EXID[4:0]	IDE RTR	0

图 6.15 两个 32 位过滤器——标识符列表

这种情况就很简单了。只有收到的帧的 ID 必须和 CAN_FxR1 或者 CAN_FxR2 完全一样才接收。这样就只能接收两种不同的 ID。

因此就只能过滤出 ID 为 0x317（与 CAN_FxR1 必须一样）和 0x00F（与 CAN_FxR2 必

须一样）两种标准数据帧了。

　　以上是 32 位模式下标识符屏蔽模式和标识符列表模式下的设置方法。在 16 位模式下,只不过把两个 32 位寄存器拆成了 4 个 16 位寄存器而已,原理和 32 位模式下是一样的。

　　接收数据是通过指向 CanRxMsg 结构体变量的指针传递的。直接调用 CAN_Receive 即可轻松完成。

```
ypedef struct
{
uint32_t StdId;
uint32_t ExtId;
uint8_t IDE;
uint8_t RTR;
uint8_t DLC;
uint8_t Data[8];
uint8_t FMI;
} CanRxMsg;
```

　　CanRxMsg 结构与 CanTxMsg 差不多,只是多了一个 FMI 域。

　　FMI 设定为消息将要通过的过滤器索引,这些消息存储于邮箱中。该参数取值范围为 0～0xFF。

第 7 章 车身与空气动力学

本章首先对车身造型与外观设计进行简单介绍,然后对空气动力学进行概述,并介绍适用于 FSAE 赛事的空气动力学套件(空套),接着论述 CFD 仿真与验证,最后介绍复合材料与加工技术。

7.1 车身造型与外观

1. 车身造型

本章所设计的赛车车身严格遵守中国大学生方程式汽车大赛规则。由于规则的限制,以及车架水箱等一系列部件的相互影响,在设计车身造型时需要综合考量多种因素。

FSAE 赛车整车的车身基本依据赛车车架规则进行设计,同时还要符合车身造型的相关设计规则,例如,为了符合行人碰撞保护的原则,禁止车身前部有锐边或其他突出的部件,车身前部所有可能触碰车外人员身体的边缘,如车鼻等,都必须是半径至少为 38mm 的圆角,且该圆角的圆心角必须至少为 45°。

设计的车身也必须尽量紧贴车架,在保证造型的同时保证车身有足够多的固定点。在设计时,车身造型对空气动力学的影响也不能忽视,如产生的阻力大小以及对整车气流的影响等。

考虑到整个车队的文化传承,还需要适当保留一些历年的设计元素,如车身腰线(图 7.1)。

图 7.1 承志车队的腰线设计(见文前彩图)

1) 手绘草图

进行车身造型设计的第一步是手绘草图,将所要表达的设计语言表现在纸面上,同时也可进行上色,如图 7.2 所示。

2) 曲面建模

由手绘稿确定设计语言之后,使用 Rhino、Alias、CATIA 等软件进行曲面建模,如图 7.3 与图 7.4 所示。

图 7.2　车身造型手绘稿(见文前彩图)

图 7.3　采用 CATIA 的创成式曲面设计功能绘制的车身

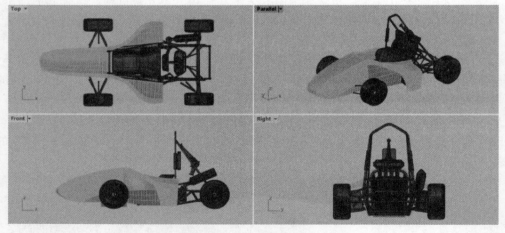

图 7.4　采用 Rhino 软件进行车身的曲面建模

2. 涂装与渲染

1) 色彩选择与搭配

涂装是分辨不同车队赛车的最主要方法,承志车队以黑白红作为传统配色,并适当辅以线条。涂装的设计还需要考虑到赞助商 LOGO 的摆放位置与辨识度,此外,将车身造型以及空气动力效果体现在涂装上也是一种不错的选择。

2) 图片与视频渲染

使用 Keyshot 等软件对涂装和整车效果进行图片渲染,如图 7.5 所示。另外,使用 Keyshot 或者 Cinema 4D 等软件可以进行装配视频的渲染。

图 7.5 采用 Keyshot 进行的图片渲染(见文前彩图)

3) 涂装加工工艺

质量与成本是制作涂装之前需要考虑的最主要因素。涂装成型工艺常见的有喷漆和贴改色膜两种,赞助商 LOGO 一般采用转印贴。

7.2 空气动力学基础

1. 空气动力学简介

空气动力学(aerodynamics)是流体力学的一个重要分支,主要研究空气或其他气体的运动规律、空气或其他气体与飞行器或其他物体相对运动时的相互作用和伴随产生的物理变化。它是在流体力学的基础上,随着航空工业和喷气推进技术的发展而成长起来的一门学科。传统上所说的空气动力学,指的都是飞行器的空气动力学。随着时代的发展,越来越多的领域需要用到空气动力学的原理来解决问题及进行优化设计[36]。

在赛车领域,空气动力学也扮演着重要的角色。在发动机、动力单元、轮胎等部件性能相对稳定的前提下,空气动力学对赛车性能的影响是巨大的,带来的收益是惊人的。在赛车空气动力学的发展过程中,一代又一代的工程师们最关注三个方面的内容:下压力、阻力和灵敏性(敏感度)。巨大的下压力可以提高赛车的过弯极限,提高下压力是提升弯中表现的有效手段,但是下压力的增加会在一定程度上带来赛车阻力的增加,不可避免地牺牲赛车的部分极速,而降低阻力又是获得高尾速输出的必要手段。灵敏性又称敏感度,主要研究空气动力学环境改变而导致的自身性能变化的强度,例如,由不平整的赛道路面造成赛车翼片以及底盘和路面垂直距离之间的频繁变化时,赛车性能所受影响的程度。

FSAE赛车空气动力学的研究主要涉及升阻特性、气动力平衡、空气动力学敏感度三个方面。包含气动力对驱动力、燃油消耗率、车轮附着及由气动特性引起的车辆轴荷分配变动等因素。通过对以上因素的综合考量,结合动力和底盘特性进行合理的参数匹配,以此实现系统最佳收益并提高整车的综合性能。

1) 流体

流体,顾名思义,就是可以流动的物体,是由大量的、不断地作热运动且无固定平衡位置的分子构成的,其基本特征是没有固定的形状和具有流动性。流体都有一定的可压缩性,其中,液体的可压缩性很小,而气体的可压缩性较大,在流体形状发生改变时,流体各层间也存在一定的运动阻力(即黏滞性)。当流体的黏滞性和可压缩性很小时,可近似看作理想流体,这是人们为研究流体的运动状态而引入的一个理想模型。在研究空气动力学问题时,通常基于相对运动原理,将飞行器穿越空气的运动视为飞行器静止而空气绕过飞行器运动。

2) 流体的黏滞性

当流体的黏滞性与可压缩性很小时,可以称之为理想流体。然而,对于一般的流体来说,黏滞性是一种重要且普遍的性质。

流体力学中给黏滞性下的定义:流体在受到外部剪切力作用时发生变形(流动),内部相应需要产生对变形的抵抗,并以内摩擦的形式表现出来。所有流体在相对运动时都要产生内摩擦力,这也是流体的一种固有的物理属性。

运动液体中的摩擦力是液体分子间的动量交换和内聚力作用的结果。液体温度升高时黏性减小,这是因为液体分子间的内聚力随温度的升高而减小,而动量交换对液体的黏滞作用影响不大。气体的黏性主要是由于分子间的动量交换引起的,温度升高则动量交换加剧,因此气体的黏性随温度的升高而增大。

3) 层流、湍流

当流体的流速很小时,流体分层流动,互不混合,称为层流,也称为稳流或片流,逐渐增加流速,流体的流线开始出现波浪状的摆动,摆动的频率及振幅随流速的增加而增加,这种流动状态称为过渡流;当流速增加到很大时,流线已不再清晰可辨,流场中形成许多小旋涡,层流被破坏,相邻层间不但有滑动,还有混合。这时的流体作不规则流动,并且有垂直于流管轴线方向的分速度产生,这种流动状态称为湍流,又称为紊流、乱流[37]。

日常生活中,流速较慢或黏性系数较大的流体的流动一般为层流,例如油、人体内静脉血液的流动,等等。而流速较大、黏性系数较小的流体流动通常是湍流,如江河急流,空气流动、烟囱排烟等都是湍流。

由于湍流的流动具有杂乱性、无规律性和不确定性,因此如何准确地描述湍流至今仍是物理学界的一大难题。

通常用雷诺数来判定流体是处于层流还是湍流状态。

4）雷诺数

雷诺数是一种用来表示流体流动情况的无量纲数，用 Re 表示：

$$Re = \frac{\rho v d}{\eta} \tag{7.1}$$

式中，v、ρ、η 分别表示流体的流速、密度与黏性系数；d 为一种特征长度。例如，流体流过圆形管道，则 d 表示管道直径，对于外流问题，v、d 一般取远前方来流速度和物体主要尺寸（如机翼弦长或圆球直径），内流问题的 v、d 则取通道内平均流速和通道直径。雷诺数表示作用于流体微团的惯性力与黏滞力之比，如果两个几何相似流场的雷诺数相等，则对应微团的惯性力与黏滞力之比相等。

雷诺数较小时，黏滞力对流场的影响大于惯性力，流场中流速的扰动会因黏滞力而衰减，此时流体的流动为层流，且流动稳定。当雷诺数较大时，惯性力的影响大于黏滞力，流体的流动较不稳定，流速的微小变化容易发展、增强，形成紊乱、不规则的紊乱流场，即湍流。

由雷诺数的公式可知，当流体的流速较小，或黏性系数较大时，比如油液、润滑膜内的流动，其黏性的影响遍及全流场，雷诺数较小，反之，当流体的流速很大时，比如一般飞行器的绕流，其雷诺数则要大得多，此时，黏性的影响仅在物面附近的边界层或尾迹中才是重要的。对于 FSAE 赛车而言，流过车身的气流的雷诺数相当可观，因此流过 FSAE 赛车的气流一定是湍流。

一般来说，$Re<2300$ 为层流状态，$Re>4000$ 为湍流状态，$Re=2300\sim4000$ 为过渡状态。在不同的流动状态下，流体的运动规律、流速分布等都是不同的。因而管道内流体的平均流速 v 与最大流速 $v_{\max}$ 的比值也是不同的，因此流体流动的特性由雷诺数决定。

5）附着与分离

当流体在流动过程中碰到障碍物时，会沿着障碍物表面流动。如果障碍物表面曲率过大，流体就会脱离障碍物表面，形成涡。这就是简单的流体附着与分离。在研究赛车外流场时，必须时刻关注气流与赛车表面的附着关系。

2. 下压力

1）伯努利原理

下压力又称负升力，下面介绍产生升力的原理，即伯努利原理。

伯努利方程是理想流体定常流动的动力学方程，意为流体在忽略黏性损失的流动中，流线上任意两点的压力势能、动能与位势能之和保持不变。理想流体在有势体积力作用下作定常运动时，运动方程（即欧拉方程）是沿流线积分而得到的表达运动流体机械能守恒的方程。该方程因为由著名的瑞士科学家伯努利于 1738 年提出而得名。

对于重力场中的不可压缩的均质流体，方程表示为

$$P_0 = p + \rho\Omega + \frac{1}{2}\rho v^2 = C \tag{7.2}$$

式中，p、ρ、v 分别表示流体的压强、密度和速度；Ω 为铅垂高度 h 与重力加速度 g 的乘积，通常在分析时重力势能是不存在的，这样就剩下静压与动能；C 为常量。

上式各项分别表示单位体积流体的压力能 p、重力势能 $\rho g h$ 和动能 $\frac{1}{2}\rho v^2$，在沿流线运动的过程中，总和保持不变，即总能量守恒，但各流线之间总能量（即上式中的常量值）可能不同。值得注意的是，在动量增加（如流体通过风扇）或减少（如黏性流体和壁面发生摩擦）时，伯努利方程不再适用[38]。

由伯努利方程可知，流速越大的地方动压越大而静压越小，再来分析气流流过翼型时的运动，如图 7.6 所示，翼型上表面气流在相同时间内流过的路程长，因此流速快而静压小，翼型上下表面产生了压力差，形成了升力 L，它与阻力 D 合成为合力 R。若将图 7.6 所示的翼型上下颠倒，则会产生下压力（负升力）。

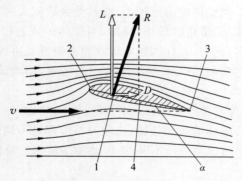

1—压力中心；2—前缘；3—后缘；4—弦线。
图 7.6　正置翼型产生升力

2）翼型攻角与失速

当翼型存在一定的攻角之后，升力就会变得更加明显，就如同拿着一块玻璃板，当顺着气流方向放置时不会有升力产生，而当把它向上倾斜一定角度后会发现能感受到明显的上托力，但同时向来流方向前进时有阻力。如图 7.7 所示，V 为来流方向，α 为翼弦线与来流方向的夹角，称为攻角或迎角。

通过实验人们发现，并不是攻角越大产生的升力也会随之增大，当翼型的攻角增大到一定程度后，若继续增大攻角反而会导致升力急剧下降，反映到赛车上就是下压力急剧减小，从而不能保证赛车在弯道中的下压力要求而导致侧滑，如图 7.8 所示，其中 C_L 所代表的升力系数的计算公式为

$$C_L = \frac{L}{\frac{1}{2}\rho A v^2} \tag{7.3}$$

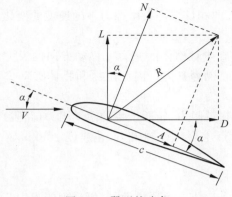 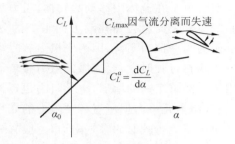

图 7.7 翼型的攻角　　　　　　　图 7.8 翼型失速

在流体动力学中,失速是指翼型气动攻角增加到一定程度(达到临界值)时,翼型所产生的升力突然减小的一种状态。翼型气动攻角超过该临界值之前,翼型的升力是随攻角增加而递增的;但是攻角超过该临界值后,翼型的升力将减小[39]。

如图 7.9 与图 7.10 所示,当翼片的气动攻角超过某个值时,附着在翼片上的气流就会和翼片分离,在区域内形成分离涡,这样一来,下压力或升力也就要相对减小。

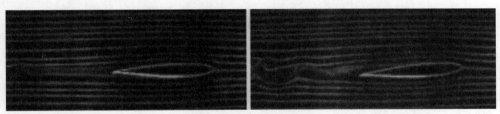

图 7.9 气动攻角绕流

(左:0°攻角绕流;右:5°攻角绕流)

图 7.10 机翼的失速现象与分离涡

3. 阻力

1) 阻力的产生

阻力,又称后曳力、空气阻力或流体阻力,是物体在流场中因相对运动而产生的与运动方向相反的力。阻力方向和它所在流场的速度方向相反。一般摩擦力不随速度的变化而变化,但阻力会随速度的变化而变化。

对于一个在流体中移动的物体,阻力为周围流体对物体的施力在移动方向的反方向上分量的总和。而施力和移动方向垂直的分量一般视为升力。因此阻力和物体移动方向相反。阻力与摩擦力不同,因为摩擦力有时可以是动力。

车辆在行驶时,所要克服的阻力有传动部件损耗阻力、轮胎产生的滚动阻力(路阻)及空气阻力。随着车速的增加,空气阻力也逐渐成为最主要的行驶阻力,在速度200km/h以上时,空气阻力几乎占据所有行驶阻力的85%。

对于车辆行驶时的空气阻力,一般有三种形式:

一是气流撞击车辆正面所产生的阻力,就像拿一块木板顶风而行,所受到的阻力几乎都是气流撞击所产生的阻力;

二是摩擦阻力,空气流过车身会产生摩擦力,然而以一般车辆行驶的速度来说,摩擦阻力可以忽略;

三是外形阻力。一般来说,车辆行驶时,外形阻力是最主要的空气阻力来源。外形阻力来自车后方的真空区,真空区越大,阻力就越大。一般来说,三厢车的外形阻力比掀背休旅车的小。

2) 阻力系数

空气阻力系数,又称风阻系数,是计算汽车空气阻力的一个重要参数。它是通过风洞试验和滑行实验所确定的一个重要参数,用它可以计算出汽车在行驶时的空气阻力。风阻系数的大小取决于汽车的外形。风阻系数越大,则空气阻力越大,现代汽车的风阻系数在0.3~0.5,赛车可以达到0.15,目前雨滴的风阻系数最小,为0.05左右。

风阻系数可通过风洞试验测得。当车辆在风洞中测试时,借由风速来模拟汽车行驶的车速,使车不至于被风吹得后退。在测得所需力后,去除摩擦力,剩下的就是风阻力。结合公式计算阻力系数 C_D:

$$C_D = \frac{D}{\frac{1}{2}\rho A v^2} \tag{7.4}$$

一辆车的风阻系数是固定的,根据风阻系数即可算出车辆在各种速度下所受的阻力。

4. 边界层理论

1) 边界层

在壁面上气流流速为零,在垂直于壁面的法线方向上,速度从零迅速增大,到距离壁面某一距离时,流体速度达到99%自由流速,再往外,流速几乎不再改变。将速度小于99%自由流动速度的区域叫作边界层[40],这段距离叫作边界层的厚度,如图7.11所示。

边界层是黏性阻力产生的原因,其公式为

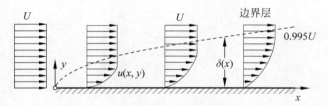

图 7.11　无攻角平行流沿平板的边界层示意图

$$\tau = \pm \eta \frac{\mathrm{d}v}{\mathrm{d}y} \tag{7.5}$$

式中，τ 为黏性切向应力；η 为流体黏度；$\mathrm{d}v$ 为来流速度变化量；$\mathrm{d}y$ 为边界层厚度变化量。

边界层厚度与雷诺数成反比关系，即雷诺数越小，边界层越厚。边界层厚度也随着流动距离的增大而增大。如图 7.12 所示，一辆以 30m/s 速度行驶的汽车，车头部分边界层很薄，而当气流到达车尾时，边界层厚度已增大数倍。通过上述公式可知，黏性阻力随着边界层厚度的增加而减小。

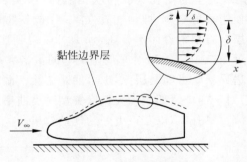

图 7.12　车身表面边界层

当雷诺数相同时，紊流边界层的厚度也比层流边界层的厚度大，且随距离变化增长更快。另外，随着边界层厚度增大，流态由层流变为紊流，当到达一定厚度后，便会产生涡流，导致气流分离。对于赛车尾翼来说，气流的分离会造成下压力损失，同时增加额外的空气阻力。因此，在调试负升力翼攻角的时候要特别注意气流分离的情况。

2）层流边界层、湍流边界层

边界层内的流动有层流和湍流两种，如图 7.13 所示，可以看出平板上方边界层最初是层流，但随着流体流过平板的距离增加，边界层厚度随之增加，流体由于摩擦作用开始变得紊乱，最后变成湍流边界层。

由层流边界层过渡到湍流边界层的区域称为过渡边界层。

由于湍流内存在垂直流向的动量交换，它在与壁面垂直的截面上的速度分布与层流边界层的不同，下端饱满一些，对比层流边界层，湍流边界层动量损失更大，因此产生的阻力也更大。

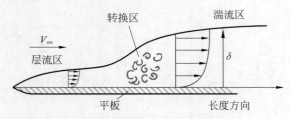

图 7.13　边界层生长示意图

因为流体动量沿着流场平均速度方向传递,所以湍流边界层引起的气流分离比层流边界层晚,由这一重要的结论可知,采用湍流边界层可以强化传递和反应过程,更好地实现气流附着。另外,层流边界层有助于减小气动摩擦阻力,但沿流线型表面移动时,会导致气流过早分离,带来更多的阻力,也就丧失了优势。

所以常常采用许多人工控制边界层的方法来改变边界层结构,防止边界层内气流分离,达到减少阻力、增大升力的目的。实验和理论得出如下几种使流体局部加速的有效方法:①使部分物面移动;②利用物面上的喷孔(狭缝)吹出流体,增大表面滞流的能量;③经过表面间的狭缝,吸走滞流,使边界层变薄,抑制气流分离;④改变物体造型。

如果汽车车身的边界层一直都附着而不分离,那么可以得到比较小的空气阻力。雷诺数与摩擦阻力系数的关系见图 7.14。一般赛车周围流场的雷诺数都小于 10^7,由图 7.14 可知,在这一雷诺数范围内,边界层既可能是层流,也可能是湍流。湍流边界层的气流分离晚,虽然摩擦阻力相对较高,但对于赛车尾部或者大弧度翼型这类曲率变化大的物体形态,最好采用湍流边界层来避免气流过早分离,以获得更好的气动效果。

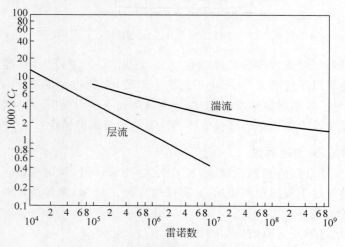

图 7.14　雷诺数和摩擦阻力系数的关系

5. 地面效应与扩散器原理

1) 地面效应

严格来讲，地面效应的概念只适用于高速空气动力学。飞机的翼尖涡流是这一理念被引入的主要原因。当飞机机翼进入高速状态时，其下表面的高压气流往往会越界翻滚到机翼上表面扰乱低压气流，从而形成诱导阻力，降低机翼的升阻比，导致机翼效率大降。而当飞机近地飞行时，由于与地面之间的空间更为有限，机翼下部的气流层便会更加平稳，从而扰乱翼尖涡流。在没有翼尖涡流的情况下，机翼的攻角能变得更为接近理论水平，因此使飞机更有效率。这就是地面效应真正的作用。同时很多只在地面效应区域飞行的地面效应飞行器，也是利用这种原理来获得更优质的升力，提升机翼的效率。

但是在赛车领域中，地面效应被赋予了截然不同的概念。工程师通过特别设计的底盘或风扇，人为地制造真空以获取强大的吸地效应。

离地间隙（赛车底部与赛道表面之间的距离）对提高底盘和扩散器之间的联系的效用有很大的帮助，赛车的底盘是最重要的空气动力附加装置。底盘和赛道之间的离地间隙越小，该区域气流运动的速度也就越大，根据伯努利方程，此区域的静压力也就越小，赛车所受的气动负升力也就越大，使得赛车被强烈地"吸附"在赛道上，产生所谓的"地面效应"[41]。

2) 文丘里效应

文丘里效应指的是流体通过缩小截面时，流体出现流速增大的现象。这种现象以其发现者——意大利物理学家文丘里命名。

对于理想流体（液体或气体，它们不可压缩和不具有摩擦），其压力差通过伯努利方程获得。文丘里效应的原理是当风吹过阻挡物时，在阻挡物的背风面上方端口附近气压相对较低，从而产生吸附作用并导致空气流动。文丘里管的原理其实很简单，它就是把气流由粗变细，以加快气体流速，使气体在文丘里管出口的后侧形成一个"真空"区。当这个真空区靠近工件时会对工件产生一定的吸附作用。

压缩空气从文丘里管的入口进入，少部分通过截面很小的喷管排出。随之截面逐渐减小，压缩空气的压强减小，流速变大，这时就在吸附腔的入口内产生一个真空度，致使周围空气被吸入文丘里管内，随着压缩空气一起流进扩散腔内，减小气体的流速。

利用这种效应可以制作文丘里管[42]，如图 7.15 所示。当气体或液体在文丘里管里面流动时，在管道的最窄处，动态压力（速度）达到最大值，静态压力（静息压力）达到最小值。气体（液体）的速度因为涌流横截面积的变化而上升。整个涌流都要在同一时间内经历缩小

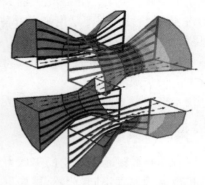

图 7.15 文丘里管（见文前彩图）

的过程,因而压力也在同一时间减小,进而产生压力差,这个压力差用于测量或者给流体提供外在吸引力。

3)康达效应

扩散器的原理还可以用不同的空气动力学效应解释——康达效应(Coanda effect),亦称附壁作用或柯恩达效应。康达效应表明流体有离开本来的运动方向,改为随着凸出物体表面流动的倾向。只要物体表面的曲率不是很大,流体与凸出物体的表面摩擦后流速会减慢,并被吸附在该物体表面上流动。

康达效应应用在扩散器中时可以理解为:当底盘气流流向扩散器上扬结构时,气流根据康达效应会沿着扩散器下表面流出底盘。但此时,由于扩散器本身具有一部分体积,所以当气流沿着下表面流动时,便会空出扩散器内部的其余空间。因此,会吸引更多底盘气流来填补这一区域,这就造成了一部分底盘气流以更高的速度流入扩散器,从而加速了整个底盘的气流速度。这就会产生压力差,形成负压力,将赛车压在路面上。

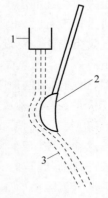

1—水龙头;2—汤匙;3—水。

图7.16 康达效应

康达效应的一个简单的实验验证就是打开水龙头,放出小小的水流,把小汤匙的背放在流动水流的旁边,水流会被吸引,流到汤匙的背上,如图7.16所示。

7.3 空气动力学套件

为了改善赛车空气动力学性能而加装的部件称为空气动力学套件,简称空套,其作用主要是为赛车减小空气阻力,增大气动下压力。

赛车空套主要分为两类,一类是直接用来产生气动负升力的装置,包括前翼、尾翼、车身和扩散器。为了整车的操控平衡,需要对不同部分分配不同比重的压力配比,通常来说前翼产生的下压力约占全部下压力的30%,尾翼产生的下压力约占30%,扩散器产生的下压力约占40%。另一类则是用来提升前翼、尾翼、车身以及扩散器的工作效率的辅助性装置,通过提升气流的传输效率,或是改变气流的流向和流动路线,间接地提升赛车的气动性能,包括前翼除主襟翼以外复杂的导流翼片,端板外侧的引导片和导流槽孔,侧箱前方的导流板以及上方的肩翼等。

本节主要介绍前翼、尾翼、扩散器等赛车重要的空气动力学套件。

1. 翼型与翼片

赛车行驶过程中产生的下压力主要来源于其空气动力学套件,即前翼、尾翼和扩散器。与扩散器的原理不同,前翼、尾翼更多是靠升力翼来获得下压力,特别是对尾翼而言,而不同的升力翼结构有着不同的空气动力学特性。因此,升力翼的好坏直接决定了赛车的空气动力学性能。

翼型是指机翼垂直于前缘的剖面形状。翼型性能包括几何特性和气动特性,是气动设计中极为重要的参数。翼型按速度分类有低速翼型、亚声速翼型与超声速翼型,如图 7.17 所示。由于 FSAE 赛车的速度不高,一般采用的是低速翼型。

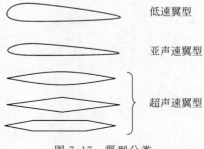

图 7.17　翼型分类

人类在流体力学的研究过程中一直在发展进步,在可以产生气动负升力的翼型的研究中更是如此,先后出现了伯努利、牛顿等不同时期的翼型,如图 7.18 所示,这些翼型的气动性能也不断提升。

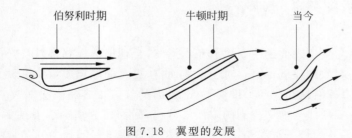

图 7.18　翼型的发展

1) 翼型结构

如图 7.19 所示,升力翼两端距离 b 称为翼展长度(span),弦线与来流速度的夹角 α 称为攻角(angle of attack),升力翼前后端距离 c 称为弦长(chord),升力翼上下表面最大距离 t 称为弦厚(max thickness)。

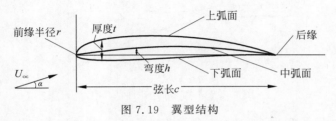

图 7.19　翼型结构

影响翼型最大升力系数的几何参数主要有前缘半径、相对弯度、相对厚度(也叫作厚弦比)。最大升力系数随着前缘半径和相对弯度的增大而增大,在相对厚度为12%~18%时,最大升力系数达到最大值,如图7.20所示。

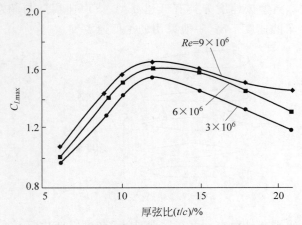

图7.20 升力翼厚弦比与最大升力系数关系

对于阻力系数来说,速度处于亚声速范围时,相对厚度对阻力系数几乎没影响,而随着最大厚度的位置后移,阻力系数变小。

2) 组合翼

图7.21所示为翼型表面的附面层分布示意图,合理地选择翼型以及安排前翼主翼的翼片攻角,会使得前翼效果显著提高。对于前翼而言,更大的襟翼攻角和更长的翼弦可以获得更多的气动负升力。但是在这两种设置下,下翼面的气流很容易失去对翼片的依附而与翼面发生分离,这一现象即为前文提到的附面层分离,附面层分离会引发前翼失速,降低前翼的气动负升力水平,因此,通常需要在翼面上开槽来解决这一问题。开槽是将完整的翼片拆分为主翼、襟翼,使得前翼上表面的气流流入下表面,并保证每一小块翼片上都时刻有气流附着,这样一来就避免了气流的剥离,从而大大地提升了前翼的气动效率[43]。

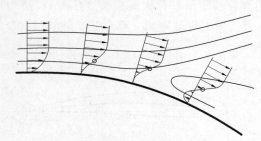

图7.21 翼型表面的附面层分布

升力翼的翼型弯曲弧度线对升力有非常大的影响。因此,为了获得更大的气动负升力,可以通过添加襟翼的方法,在不改变翼型主体的情况下改变整体弧度,特别是在翼型尾部区域添加襟翼时效果更明显,对于组合升力翼,常常将其看作一个较大的单升力翼,如图7.22所示。因此,单升力翼的结构理论也同样适用于组合翼。

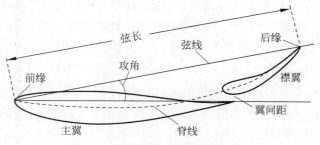

图 7.22　组合翼的翼展与攻角示意图

2. 前翼

前翼是安装在车体最前端的气动附加装置,它不仅负责产生赛车前部的下压力,还有担负整流和将气流准确导向赛车后方的作用[44]。

1）前翼的作用

对于开放式车轮赛车来说,其外流场流线如图7.23所示。从图中可看出,车身周围的气流分成三个部分,顶部气流、侧面气流以及底部气流。

图 7.23　开放式车轮赛车气流分布

流动的气流到达赛车前部,在前翼和鼻锥的共同作用下,气流路径开始发生变化。鼻锥上方气流沿车身上表面运动,在车身表面造型的作用下,一部分气流向上流入发动机进气口,其余气流经过车身分流,分别在车身后部可乐瓶区域的引导下,通往尾翼区域。另一部分气流沿鼻锥和前翼下方进入赛车底部,在地面效应的作用下迅速流动,同时利用扩散器,在底盘和地面间形成负压区,从而加大了整车的下压力。

同时,车身侧面气流也可以分成两部分：车轮外部气流和车轮内部气流。外部气流受导向作用基本脱离了车辆,而不再形成作用；内部气流包含几个部分,一部分气流是通往侧箱散热器的冷却气流,另一部分气流则需要被引导,以此提高赛车气动效应。

在不加任何导流板的情况下,由前轮产生的空气阻力几乎占据整车空气阻力的一半。为了解决这一问题,可以利用前翼的一部分作为导流装置,对气流进行引导。一部分气流内导,主要是通过对内端板型线进行设计,使气流汇入散热气流；另一部分气流外溢,被引向车身外部,绕过前轮。

另外,通过对前负升力翼的翼型和攻角的设计,也可以引导气流远离前轮,可以采用较大的负攻角,在使车轮前部前翼的迎风面积变大的同时,诱导气流绕到前轮顶部,避免直接冲击前轮;而为了保证发动机散热,靠近鼻锥部分的前翼迎风面积较小,可以使散热气流顺利进入侧箱。两侧气流最后沿侧箱外表面进入可乐瓶区域流向尾翼区域。

2)主要结构

前翼由主要结构和众多的附加结构组成,如图7.24所示。最前端的水平翼片或面积最大的一片翼称为主翼,后端带有攻角的倾斜翼片称为襟翼或副翼,两侧的板为端板。理论上来说,只要拥有主翼和襟翼就可以产生下压力,因此可以将主翼和襟翼概括为前翼的主要结构。

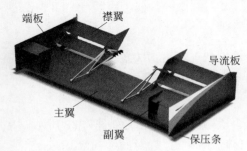

图7.24 前翼结构

(1) 主翼

主翼是前翼上提供下压力的主要部件,主翼的离地间隙与攻角对前翼的气动效果起着决定性的影响。

(2) 襟翼

襟翼可以引导前轮前方气流绕过前轮,降低正面阻力;通过两翼缝隙的气流在翼型的特定弯曲度的引导下还可以被导向侧箱进气口,帮助水箱冷却。

此外,主翼上方的襟翼也起到使轮胎不会受到正面气流阻力的作用。

(3) 端板

航空领域中翼尖涡流是航空器面临的一个麻烦,它不仅形成了巨大的额外阻力,还使得飞行器的升阻比大大下降。对于前翼的翼片来说,上表面的压强大,下表面的压强小,这使得部分上翼面的气流翻到下翼面,同样破坏了气动负升力。因此,赛车需要安装端板,将上、下翼面的气流限制在各自的区域内,提升前翼的气动效益。

此外,在端板外侧增设用于导引通过轮胎正面气流的导流板,可以使轮胎不会受到来自正面气流的阻力,同时增设保压条强化了翼面负压。

3)相关因素

前翼的工作受到多种因素的影响,首先,作用在翼面上的气流并不是理想状态的,风速、风向时刻都会变化,且不确定,此外,赛车在弯道中行驶时,作用在翼面上的气流会发生横向的偏转和移动,形成不稳定的流场,这不仅降低了前翼产生气动负升力的效率,还影响前翼后部的气流环境,不利于气流的正常传输。

(1) 下压力与阻力

赛车在高速行驶时,流过前翼所在区域的气流被前翼分割为两部分,一部分从翼片的上表面流过,另一部分则流过翼片的下表面。这两股气流依附在翼片上,最后在前翼后方的某一区域重新汇聚。由于襟翼与主翼呈一个很大的倾角,因此襟翼具有较大的迎风面积,在气体的流动过程中,翼片上表面的气流在流动中受到了阻碍,流速有所降低,而翼片下表面的气流则在无阻碍的状态下顺利通过。上翼面的气流流速低,压强大,下翼面的气流流速高,压强小,两者的差就产生了所需的气动负升力。襟翼的气动攻角越大,对翼片上表面气流的阻碍作用也越明显,上、下翼面的流速差就越大,产生的气动负升力就越大。

但是在这种设置下存在着这样一个问题:气动攻角的增加在增加气动负升力的同时伴随着阻力的增加。前翼受到的阻力随气动攻角的增大而增大,且二者近似呈线性关系,对于赛车整体的气动阻力而言则呈先增大后减小的趋势。简单地说,前翼位于赛车的最前端,其后就是赛车的前轮,因此这一位置十分特殊,相比之下,气流直接撞击前轮时产生的阻力要比在前翼上制造下压力时形成的阻力可观得多。当襟翼的气动攻角大到一定程度时,就可以使部分气流在离开前翼向上扩散的过程中避开前轮,从而减少了气流对前轮的撞击。因此,对于整车的气动阻力而言,当襟翼的攻角超过某一值时,整车的阻力会有所下降,换言之,前翼的设置减弱了气流在轮胎上产生的阻力。

(2) 地面效应

赛车前翼翼片的工作状态与航空器有很大的区别,一个重要的原因是受到了地面效应的影响。一般来说,翼片的离地间隙h越小,翼片越靠近地面,地面效应的干预就越强烈,前翼就能制造出更多的气动负升力,这种现象会一直持续,直到离地间隙h小到前翼下表面的气流难以顺利流动为止。前翼气动性能与离地间隙的关系见图 7.25。图中,C_L 为负升力系数,C_D 为风阻系数。从图 7.25 可以看出,随着离地间隙越来越小,负升力系数与阻力系数都快速上升,只有在快要触地面的时候,负升力系数才开始回落。

在赛车底部通过扩散器的气流流量与前翼离地间隙密切相关:前翼离地间隙小,底部空间变小,使进入底盘的气流相应减少,扩散器和地面效应的效果就会变差,底盘处负压区的绝对值会变小。但是离地间隙越小,前翼下表面气流速度越快,由于地面效应的作用,前翼也可以产生更多下压力,此消彼长,它们的共同作用造成压力中心前移。

此外,在赛车制动时,重心前移造成前翼的离地间隙减小,由于上述原因,压力中心也会前移,从而增大了前轮附着力,减小了后轮附着力,在转向时,容易造成赛车转向过度的特性。

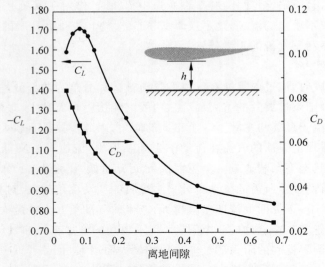

图 7.25 前翼气动性能与离地间隙的关系

3. 尾翼

尾翼位于赛车末端,与前翼相同,尾翼也是由主襟翼以及端板组成的空气动力学部件。

1) 尾翼的作用

相对前翼的各种要求,尾翼的用途只有一个,在产生尽可能小的阻力的情况下获得最大下压力。对于尾翼来说,想要获得高气动压力,可以增大攻角,增大相对厚度,同时也可以增加组合翼的正投影面积;为了降低空气阻力,可以将最大厚度位置后移,通过翼型开缝或者吹风来延迟气流分离[45]。

2) 主要结构

尾翼的主要结构和端板与前翼部分的内容基本相同,如图 7.26 所示。

3) 其他附件

(1) 格尼襟翼

格尼襟翼是前翼和尾翼上常用的一个附件,贴在翼片的尾端,通过在翼片后缘制造一对旋向相反的涡流,能够增加一点下压力,同时也增加一点阻力。格尼襟翼的作用在于让机翼在大攻角的情况下,不产生气流失速现象。此外,对于提高赛车在制动时的稳定性以及尾翼在低速状态下制造下压力的能力也有积极的帮助。如图 7.27 所示为安装格尼襟翼后翼片上部和后部的气流流动效果。

图 7.26 尾翼结构

图 7.27　安装格尼襟翼后的气流流动

(2) 百叶结构

气流在流过上下翼面后,会在翼片的后方区域汇合。由于两股气流存在速度差和压力差,因此这两股气流接触后会形成螺旋形的涡流,涡流在尾翼的后缘交汇拓展,这种涡流会带来阻力,降低赛车的直线速度。一般来说,尾翼的上翼面大部分是高压气流,而边缘和下翼面是低压气流,因此通过在端板的上层添加百叶结构来平衡翼尖部分的气压,减小产生的涡流。尾翼上表面的高压气流通过开槽流到端板外侧,形成螺旋涡后向后上方流动,控制尾涡的走向。尾翼端板的开槽设计即百叶结构,如图 7.28 所示。

(3) 可调尾翼

DRS(drag reduction system)即可调尾翼,直译为降低阻力系统,这也是它的主要作用。该系统通常是利用液压或其他电子、机械结构在需要的时候将尾翼的襟翼展平,减小了襟翼相对气流的正对面积,很好地起到了减阻的效果。图 7.29 所示为 F1 赛车上使用的 DRS。

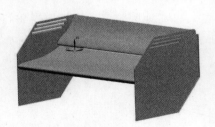

图 7.28　开槽设计的尾翼端板

图 7.29　F1 赛车上的 DRS 装置

DRS 增加了系统复杂度与质量,而且由于 FSAE 赛道没有足够长的直道能够发挥 DRS 的作用,所以是一项备受争议的技术。近几年的 FSAE 赛事领域,出现了很多支使用 DRS 装置的车队,总体形式都比较相像和传统。

4. 底盘和扩散器

扩散器与赛车的底盘相连,位于赛车的尾端。

1）原理和作用

所谓"扩散器",顾名思义,就是要造成气体的扩散,扩散器其实就是底盘末端的一段上翘结构,或者说是底盘末端的一个斜坡[46],如图7.30所示。与前翼和尾翼相比,扩散器工作时几乎不伴随阻力。

利用文丘里效应和地面效应理论基础,可以更加直观地理解扩散器的工作原理。由于底盘与地面的高度有限,底盘下方的气流处于一种"压缩状态"中,流速会相对赛车的来流速度有所加快,当这股气流进入扩散器时,气流会由于康达效应附着在扩散器的斜坡形状上流动。由于扩散器的上翘结构,它相当于文丘里管里的渐扩段,所以处于真空低压区,车底被压缩的气流就会加速向着扩散器的方向流动。这样一来,扩散器将气流源源不断地从车底抽出,车底的气流也获得了更为强大的流速,根据伯努利原理,车底由于气流的高速运动而产生了低压区,于是赛车便获得了巨大的负升力[47]。扩散器原理如图7.31所示。

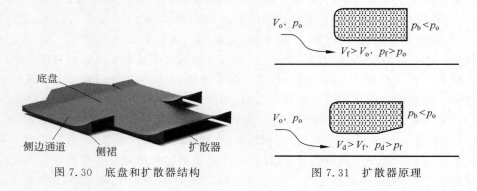

图7.30 底盘和扩散器结构　　　　图7.31 扩散器原理

如图7.32所示为扩散器的基本结构,h_1为扩散器入口离地间隙,h_2为扩散器出口离地间隙,L为扩散器长度,α为出口角。

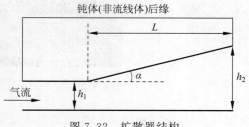

图7.32 扩散器结构

在入口流速恒定的前提下,扩散器的性能与赛车离地间隙h_1、扩散器长度L及扩散角度α有关。如图7.33和图7.34所示分别为某车体模型在固定整个赛车底部长度的情况下,改变底部离地间隙和扩散器的扩散角度得到的CFD压力系数云图。

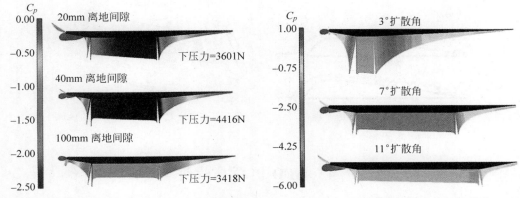

图 7.33 离地间隙与压力系数关系图(见文前彩图)　　图 7.34 扩散角度与下压力关系图

2) 其他附件

(1) 涡流发生器

研究表明赛车底部的运动气流在扩散器起始位置发生分离,然后在文丘里效应的影响下重新附着在扩散器的表面而流向尾部。针对这种情况,设计师通常会给扩散器安装涡流发生器来保证气流的附着,强化扩散器的"抽气"效能。如图 7.35 所示,涡流发生器是以某一安装角度垂直地安装在扩散器表面上的片状结构。如图 7.36 所示,涡流发生器通过产生混合涡流来有效地阻止气流过早分离,尽可能地使扩散器处于理想的工作状态。

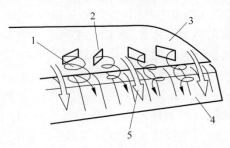

1—涡流;2—涡流发生器;3—扩散器底板;4—扩散段;5—吸入气流。

图 7.35 带涡流发生器的扩散器(底视图)

(2) 侧裙

侧裙是在扩散器侧边边缘处的向下翻边结构。侧裙将扩散器的两边封闭,从而使底盘两侧的气流无法进入车底,只有从底盘前端流入的气流被扩散器高效地抽出,使得底盘下方的空间呈现近乎真空的状态,大大地提升了负升力,如图 7.37 所示。

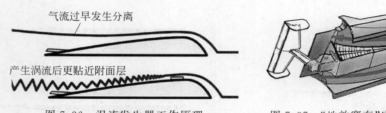
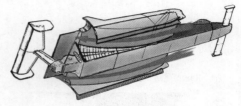

图 7.36　涡流发生器工作原理　　　　图 7.37　"地效赛车"底盘两边的侧裙结构

7.4　CFD 仿真与验证

目前国内外很多企业、高校、车队等机构都对赛车、民用车的负升力、阻力、侧风敏感性等空气动力学性能进行了各方面的研究。主要的研究方法包括 CFD 仿真、实车道路测试、风洞试验等。流体动力学相当复杂,没有一种空气动力学的研究方法对于改进汽车设计是完美的,有时不只应用一种方法,甚至所有的方法都可能会被应用在设计过程中。

进入正题之前,首先要了解从这些方法中所期望获得的空气动力学信息的类型。通常情况下,所收集到的信息应该至少包含以下信息:

① 所有的空气动力学系数,如升力(前/后轴的)、阻力等;

② 表面压力分布,这个数据将会提供怎样改进汽车外形的线索;

③ 流动显示数据,如流线(在车身上附着/分离),可以确定气流分离位置。

此外,还有其他有用的空气动力学数据(如边界层厚度等),但是在设计赛车时,通常没有足够的时间获得以上所有的数据。因此,在设计之初应该明确需要什么样的数据,明确每一种空气动力学方法能够提供怎样的数据信息,以及哪一种方法获得的试验数据是更加可靠的。

计算流体动力学(computational fluid dynamics,CFD),是预测流体流动、传热传质、化学反应及其他相关物理现象的一门学科。

现代方程式赛车的空气动力学设计工作很大一部分依靠 CFD 完成,为了能使赛车的空套部件能够最大限度地发挥应有的效能,可以对所有的空套部件都进行单独的仿真分析,同时在整车仿真的过程中对部件的形状尺寸、位置等参数进行优化和改进。

一般来说,对 FSAE 赛车空气动力学部件的仿真常使用 ANSYS Fluent、STAR-CCM+ 以及 ICEM CFD 等一系列 CFD 软件,而 CFD 的操作内容一般由前处理、网格划分、求解运算、后处理四部分组成。

1. 前处理

根据赛车总布置和空气动力学概念,先对车身造型进行初步概念设计,通过 CAD 软件得到实体化模型,如图 7.38 所示;然后根据需求,对模型进行简化处理,如图 7.39 所示,得到满足 CFD 分析要求的三维模型。

图 7.38 赛车实体化模型(见文前彩图)

图 7.39 简化处理的赛车模型(见文前彩图)

将三维模型导入仿真软件,对模型进行几何修补,因为在 CAD 软件中,受绘图精度限制,三维实体模型的小缺陷不易被发现修补,利用模型修补功能可以最大限度地改善模型质量,有利于对模型进行拓扑处理[48]。

最后进行计算域的绘制,如图 7.40 所示,这一步可以在导入 CFD 软件之前,即在 CAD 软件中完成。

2. 网格划分

将处理后的模型导入网格处理软件中,对模型进行重新拓扑,添加模拟风洞,生成四面体网格[49],如图 7.41 所示。

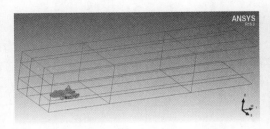

图 7.40 计算域

图 7.41 网格的划分

3. 求解运算

CFD 的计算需要选择正确的计算模型,同时由于数值计算是在计算域中进行,为使计算有解,需要给定正确的边界条件。一般根据模拟要求、软件提供的参数和实验数据才能正确获取模型的边界条件。选择合适的离散格式和求解方法后,完成计算。

4. 后处理

后处理可以利用后处理模块,可以进行可视化分析,如图 7.42 所示为整车表面压力分布云图,图 7.43 所示为车身周围流线图。通过仿真分析,利用所得数据,结合理论可以判断设计是否合理。结合实际进行评估,提出修改意见,再次仿真优化,不断重复直到得到满意的结果。

图 7.42　整车表面压力分布云图(见文前彩图)

图 7.43　车身周围流线图(见文前彩图)

7.5　复合材料与加工工艺

1. 复合材料

1) 碳纤维

碳纤维(carbon fiber)是一种含碳量在 95% 以上的高强度、高模量的新型纤维材料。碳纤维具有许多优良性能,碳纤维的轴向强度和模量高,力学性能优异,它的密度不到钢的1/4。

常见的碳纤维部件是由碳纤维制成的纤维丝编织成碳纤维布,未经处理的碳纤维布是非常柔软的,经过与树脂等基体复合处理后才会变得坚硬。碳纤维与树脂制成的材料简称碳纤维增强树脂(CFRP)。

一般使用 CFRP 来制作车身与翼片蒙皮等部件来满足对轻量化和强度的要求。碳纤维也常用在轮辋、方向盘、制动踏板、油门踏板、悬架转向连杆等部件上,如图 7.44 所示。

图 7.44　赛车上的碳纤维零部件

2) 玻璃纤维

玻璃纤维(glass fiber)是一种性能优异的无机非金属材料,种类繁多,优点是绝缘性好、耐热性强、抗腐蚀性好、机械强度高,但缺点是性脆、耐磨性较差。

以不饱和聚酯、环氧树脂与酚醛树脂等树脂作为基体,以玻璃纤维或其制品作增强材料的增强塑料,被称为玻璃纤维增强塑料(glass fiber reinforced plastic,GFRP),即玻璃钢。

由于玻璃纤维的强度和耐热性强且成本低,一般采用玻璃纤维复合材料制作车身模具。常用的玻璃纤维有方格布和毡之分,如图 7.45 所示。

3) 树脂

树脂通常是指受热后有软化或熔融范围,软化时在外力作用下有流动倾向,常温下是固态、半固态,有时也可以是液态的有机聚合物。广义上的定义中,可以作为塑料制品加工原料的任何高分子化合物都称为树脂。

图 7.45　玻璃纤维
（左：玻璃纤维方格布；右：玻璃纤维毡）

树脂一般不溶于水,能溶于有机溶剂。按来源可分为天然树脂和合成树脂;按树脂化学结构特性分为环氧树脂与不饱和树脂;按加工行为不同的特点又分为热塑性树脂和热固性树脂。

树脂常用在纤维基体、模具制作以及结构粘接等方面。常见的树脂有环氧树脂、酚醛树脂、乙烯基树脂等。

4）夹心材料

夹心材料又称为芯材,用在三明治夹芯结构中。常用的夹心材料有聚甲基丙烯酰亚胺(polymethacrylimide)泡沫,简称 PMI 泡沫,以及芳纶纸蜂窝,分别表现为各向同性和各向异性。

PMI 泡沫是目前综合性能最优的新型高分子泡沫材料,具有轻质、高强、耐高低温等特点,是同等密度条件下最硬的结构芯材。

蜂巢结构有着优秀的几何力学性能。芳纶纸蜂窝材料是一种以芳纶纸为原料,仿造蜂巢结构制成的具有特殊结构的复合材料,具有质量轻、强度大、刚度高等特性。此外,以铝合金为原料的铝蜂窝材料常用于单体壳的制作。

此外,常见的夹心材料还有强芯毡等。

5）三明治夹芯结构

三明治夹芯结构是一种特殊的复合材料结构类型,三明治夹芯结构是通过在质量轻而相对厚一点的芯材两侧贴上两层薄而坚固又有刚度的面板所组成。三明治夹芯结构有着典型的质量轻、刚性高和强度高特征。

最典型的三明治夹芯结构复合材料通常由面层、芯材、胶合层组成,如图 7.46 所示。

面层:面层承载三明治夹芯结构中的拉伸和压缩应力。局部的抗弯刚度往往小到可忽略不计。像钢、不锈钢、铝、玻璃钢这样的传统材料常被用于面层材料,随着碳纤维的高速发展,如今碳纤维也已经是三明治夹芯结构复合材料的主要选择之一。

芯材:芯材的作用是支撑面板使它们不会产生向内或向外的弯曲(变形),并将它们彼此保持在相应的位置。由于通常芯材的密度较低,因此夹层结构材料与能承担同等载荷的非夹层结构材料相比,质量大为减轻;芯材还有一个作用,它的加入扩大了两个面板间距,而面板间距越大,整个夹层结构材料截面惯性矩越大,因此其整体强度会得到一定提升,芯材通常还需具备较好的抗剪切强度。

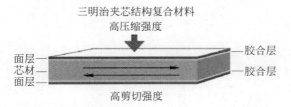

典型的三明治复合结构：
面层厚度薄，具有一定的强度和刚度，而芯材质量轻，在一定荷载下，芯材结构强度足以保持面层材料的位置相对固定。

图 7.46　三明治夹芯结构复合材料

胶合层：为了使面层和芯材之间相互配合，面层和芯材之间的胶黏剂必须能传导它们之间的剪切力。胶黏剂必须能承载剪切和拉伸应力，胶合层通常由树脂组成。

翼片结构为碳纤维蒙皮粘接 PMI 泡沫夹心材料的三明治结构，端板结构为碳纤维表层粘接芳纶纤维蜂窝的三明治结构，座椅采用芳纶蜂窝作夹心材料的三明治结构来增加刚度，如图 7.47 所示。其中，绿色的为座椅模具，黑色的为碳纤维铺层，蓝色的为粘接胶膜，褐色的为芳纶蜂窝夹心。

2. 碳纤维成型工艺

复合材料的成型方法由于基体材料的差别而有所不同，碳纤维及玻璃纤维等树脂基复合材料的成型方法有手糊成型、喷射成型、缠绕成型、模压成型、拉挤成型、树脂传递模塑（resin transfer molding，RTM）成型、热压罐成型、迁移成型和锻造成型等类型。

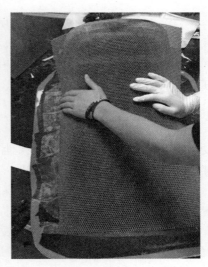

图 7.47　座椅铺设芳纶蜂窝
（见文前彩图）

目前大多数车队常采用的是手糊工艺、真空导流以及预浸料热压等工艺。

1）手糊工艺

手糊工艺，其过程是先在清理好或经表面处理好的模具成型面上打蜡或涂抹脱模剂，待表面完全干燥后，在模具上分别涂刷加入了固化剂的模具胶衣以及树脂，再在其上铺贴一层按要求剪裁好的纤维织物（如碳纤维布、玻璃纤维布），用刷子、压辊或刮刀挤压织物，使其均匀浸润树脂并排除气泡后，再涂刷树脂和铺贴第二层纤维织物。反复上述过程直至达到所需厚度为止。然后，等待固化成型，最后脱模得到复合材料制品。手糊工艺对操作者的技能要求较高，包括操作过程中对模具表面的处理以及树脂的调配比例都需要丰富的实际操作经验，其工艺流程如图 7.48 所示。

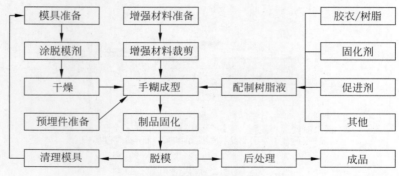

图 7.48 手糊工艺流程

这个工艺的好处在于可以随便选择纤维的方向、大小和厚度,因而被广泛使用。缺点是成品表面不够光滑,需再处理,如图 7.49 所示为用刷子在碳纤维表面涂刷树脂。

2)真空导流工艺

真空导流工艺是借助弹性袋(或其他弹性隔膜)接受流体压力,使介于刚性模和弹性袋之间的增强塑料均匀受压而成为制件的一种方法。

图 7.49 手糊工艺涂刷树脂

基本工艺过程是,将纤维叠层和其他工艺辅助材料组合在一起,构成一个真空袋组合系统,再通过气泵导入树脂,抽真空,待树脂固化后成型。真空导流工艺具有许多手糊工艺不具备的优点,如气泡含量少;树脂含量可控制,最低可达到 35%~40%;制品强度高,可重复性强;污染少,成型效率高,特别是厚制品可一次成型;制品厚度非常均匀等。真空导流工艺所需设备如图 7.50 所示,典型的工艺流程如图 7.51 所示。

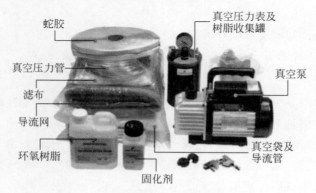

图 7.50 真空导流工艺所需要的设备

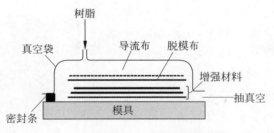

图 7.51　典型的真空导流工艺流程

3) 预浸料热压工艺

预浸料热压工艺是在模具上叠层,利用大气压或者压力机向叠层施加压力,并在热压罐或烤箱中高温固化。预浸料热压工艺所用的碳纤维为预浸料,碳纤维和树脂预先结合好,需要经过高温高压才能成型,做出的产品质量和精度更高,但是对设备有严格的要求,成本也更高。预浸料热压工艺包括真空袋热压成型、热压罐成型、模具热压成型等。

常用的是真空袋热压成型,真空袋热压成型工艺能够很好地控制碳纤维含量,让树脂和纤维浸润更好。其步骤为先在模具上铺好碳纤维预浸布,如图 7.52 所示,预浸布的薄膜放入真空袋中抽真空后放到烤箱、烘箱里加热,如图 7.53 所示。此外,热压罐成型与真空袋热压成型工艺类似,多用于单体壳固化成型。

图 7.52　预浸料的铺设

图 7.53　放入烤箱中的真空袋热压成型

模具热压成型是将碳纤维预浸料放入金属模具中,加压加热后固化成型,脱膜后得到成品,这种方法最适合用来制作汽车零件(如轮辋),如图 7.54 所示。

3. 车身模具制作

成型模具有阳模和阴模之分。阳模通常为只用于制作模具的原模型,是一种模仿零件最终形状的原模,一般用于产品的内表面或凹进部分的成型。阴模通常为用于生产最终制品的玻璃钢模具,一般由阳模翻模制作,用于产品的外表面或凸出部分的成型。

1) 车身阳模制作

车身阳模一般采用泡沫制作,先根据车身曲面建模设计模具图,将模具图导入 CAM 软件进行走刀路径的绘制,经过机械臂加工后,在泡沫表面手糊玻璃纤维来进行加固和防腐,之后在固化的玻璃纤维表面涂抹原子灰并进行打磨整平,待尺寸精准且表面光滑后便可进行阴模的翻制。车身阳模制作的实物图如图 7.55 所示。

设计车身阳模时,必须综合考虑以下要求:
① 满足产品设计的精度要求,模具尺寸精确、表面光滑;
② 要有足够的强度和刚度;
③ 脱模方便;
④ 有足够的热稳定性;
⑤ 质量轻、材料来源充分及造价低。

2) 车身阴模制作

车身阴模一般采用在阳模上手糊玻璃纤维的方式来翻制,车身阴模实物如图 7.56 所示。

图 7.54　模具热压成型
(上:轮辋模具;中:半成品;下:脱模)

设计玻璃纤维阴模时,必须综合考虑以下要求:
① 能够满足制品的尺寸精度、外观质量及使用寿命要求;
② 模具材料要有足够的强度和刚度,保证模具在使用过程中不易变形和损坏;

图 7.55　车身阳模制作实物图
(左:机械臂加工;中:侧箱泡沫原模;右:加固后的车头原模)

图 7.56 车身玻璃纤维模具

③ 不受树脂侵蚀,不影响树脂固化;
④ 耐热性好,制品固化和加热固化时,模具不变形;
⑤ 容易制造,容易脱模;
⑥ 减轻模具质量,方便生产;
⑦ 价格便宜,材料容易获得。

4. 空套结构工艺

1) 预埋粘接

由于采用碳纤维预浸布,碳纤维需要在高温环境下固化,因此需要选择耐高温粘接胶。此外,粘接胶不能与 PMI 泡沫发生反应,因此需要选择性质稳定的粘接胶。最重要的一点,粘接胶要保证预埋件与被粘接件稳定连接,通常选择 DP490 或者 5055 结构粘接胶。翼片泡沫侧边加固的粘接与安装零件的预埋见图 7.57。

图 7.57 翼片泡沫侧边加固的粘接与安装零件的预埋

2) 安装方式

前翼安装到车架上有多种方式,主翼采用以下两种安装方式:

支架安装,支架多采用铝合金材料制成,通过前翼主翼上的连接耳片和焊接在车架上的连接耳片安装,强度刚度好,质量轻,为大多数车队采用。

内端板安装,是通过前翼三明治结构的碳纤维内端板直接连接到车身车架上的一种方式,多为单体壳结构的赛车采用。

为满足安装强度以及轻量化的需求,需要对支架进行静力结构分析与拓扑优化,前翼的铝合金支架的装配静力结构仿真如图 7.58 所示。

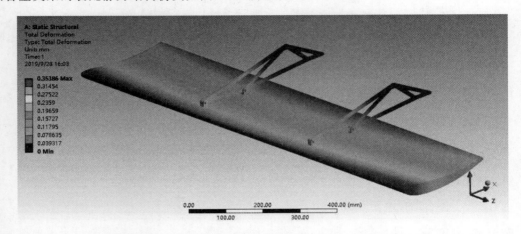

图 7.58 前翼铝支架的装配静力结构分析(见文前彩图)

尾翼的安装方式与前翼类似,但是焊接在车架上的安装点位置需要考虑规则的限制。

尾翼多采用铝合金支架安装,也可采用碳纤维三明治结构的连接板,此外,连杆安装与拉线固定的方式也常被用到。由于连杆两端为正反向螺纹,所以可以在一定范围内伸缩,因此连杆安装相对于支架安装有较大的调节空间,但需考虑对尾翼自由度的限制,因此结构较为复杂,如图 7.59 所示。

图 7.59 采用连杆安装方式的尾翼

第8章 传动系统

传动系统是将发动机的动力传递给驱动车轮的传输装置。FSAE赛车结构紧凑,没有长长的传动轴,其传动系统动力传输路线为:发动机→离合器→变速器→主减速器→差速器→半轴→驱动车轮。传动系统不仅可以传递动力,其中的离合系统还可以中断动力传输,主减速器可以减速增矩,变速器可以改变减速比,差速器可以令转向时左右两轮速度不同。由于FSAE赛车大部分使用摩托车发动机,发动机本身集成了离合器和变速器,所以本章主要讲解主减速器、差速器、半轴与轮毂。

8.1 主减速器

主减速器是汽车传动系统中减小转速、增大转矩的主要部件。FSAE赛车普遍采用摩托车发动机,发动机与变速箱集成一体,形式相对固定。综合考虑整车布置及赛车轻量化的需求,变速器输出轴与驱动半轴之间一般采用链传动形式的主减速器进行动力传输。主减速器传动比的选择直接影响赛车的动力性能。赛车传动比的选择是一个平衡赛车加速性能和车辆极速的过程。在进行赛车传动比的设计时,首先要确定赛车各总成的技术参数,包括发动机的输出特性和轮胎特性等,并据此综合考量赛车的动力学、燃油经济性以及整车匹配。

1. 主减速比的确定

为了使赛车在直线加速和高速避障比赛中具有优异的加速性能,因此在确定链传动的传动比(即主减速比)时,以得到最大的加速性能为目标。赛车纵向加速度的最高性能受两个因素的限制:发动机输出的最高功率和驱动轮的路面附着极限。一般来说,赛车纵向加速度的最高性能,在赛车起步过程(加速行驶时),轮胎的路面附着条件可能是决定的因素,而在高速行驶时则受限于发动机的输出功率。为了让赛车获得更好的动力性,摒弃了嘉陵HJ600单缸发动机,采用了本田CBR600RR四缸发动机,相同599mL排量下,最大功率由30kW提高到了58kW。CBR600发动机主要参数如表8.1所示。

表 8.1　CBR600 发动机主要参数

品牌型号	2008 本田 CBR600RR	排　　量	599cc
发动机形式	四缸直列/四冲程	压缩比	12.2∶1
缸径×冲程	67mm×42.5mm	冷却系统	水冷
最大功率	58kW(13 000r/min)	最大转矩	46N·m(9000r/min)
离合器类型	多片，湿式	初级传动	齿轮(直齿)
变速箱类型	六挡，常啮合	初级传动比	2.111∶1(76/36)
各挡传动比	挡位	挡位齿比	总传动比
	1 挡	2.750∶1(33/12)	5.805∶1
	2 挡	2.000∶1(32/16)	4.222∶1
	3 挡	1.666∶1(30/18)	3.517∶1
	4 挡	1.444∶1(26/18)	3.048∶1
	5 挡	1.304∶1(30/23)	2.753∶1
	6 挡	1.208∶1(29/24)	2.550∶1
换挡顺序	国际挡：1 挡→空挡→2 挡→3 挡→4 挡→5 挡→6 挡		

发动机是汽车行驶的动力来源。描述发动机的特性常采用转矩、功率随转速变化的函数关系曲线，即发动机转速特性曲线。若发动机节气门全开(或高压油泵在最大供油位置)，则此特性曲线称为发动机的外特性曲线[50]。图 8.1 所示为 CBR600 发动机的外特性曲线。

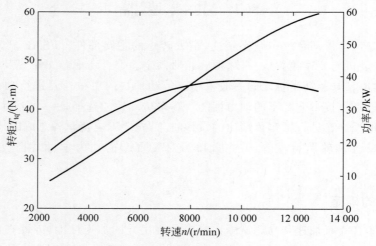

图 8.1　CBR600 外特性曲线

汽车行驶的驱动力是由发动机产生的转矩经过传动系传递到驱动轮上得到的。汽车各挡所产生的驱动力 F_{tk} 可由式(8.1)表示

$$F_{tk} = \frac{\eta_m i_{gk} i_0 T_{tq}}{r} \tag{8.1}$$

式中,η_m 是传动系的机械效率,取 0.82;i_{gk} 是变速箱第 k 档的传动比;i_0 是主减速比;T_{tq} 是发动机输出的转矩;r 是轮胎半径,其值为 0.228m。虽然发动机能够输出足够大的功率,但加速性能仍有可能受到轮胎和路面之间附着条件的限制。这种情况下,赛车的驱动力 F_t 取决于下式:

$$F_t = \mu W \tag{8.2}$$

式中,μ 是最大摩擦系数;W 是驱动轮所受的力。

驱动轮所受的力等于驱动轮的静载荷和由于纵向加速度所引起的前、后车轮间的转移载荷之和。赛车的总质量 M 为 290kg,其中整备质量为 220kg,车手平均体重为 70kg。赛车的轴荷比为 45∶55,质心高度 h 为 300mm。因此驱动轮所受的力(后轴上的载荷)可用式(8.3)表示:

$$W_r = Mg\left(\frac{55}{100} + \frac{F_x}{Mg}\frac{h}{L}\right) \tag{8.3}$$

式中,F_x 为驱动力;L 为轴距(1550mm);g 为重力加速度。

FSAE 中大部分赛车使用的轮胎都是由 Hoosier 公司专门为 FSAE 赛车开发的超软热熔轮胎,比赛时使用的是其中的 Hoosier 18×6-10 R25B 轮胎。FSAE TTC 做的轮胎实验分析表明,胎温达到轮胎的最佳使用温度时,Hoosier 18×6-10 R25B 轮胎在不同垂直载荷下的峰值附着系数都能达到 2 以上[51]。

然而,由于受到赛事规则的限制及比赛天气的影响,轮胎胎温不容易达到它的最佳使用温度,因此在计算时轮胎的附着系数取 1.5。显然,在赛车使用 1 挡起步全油门加速时,赛车得到的牵引力最大。由发动机外特性和式(8.1)可得赛车的最大牵引力为

$$F_{tk} = \frac{\eta_m i_{g1} i_0 T_{tqm}}{r} \tag{8.4}$$

为了得到极限的加速性能,应使赛车的最大驱动力接近于或等于轮胎与地面间的附着极限,由式(8.2)、式(8.3)和式(8.4)得

$$F_{tm} = \mu W_r \tag{8.5}$$

$$\frac{\eta_m i_{g1} i_0 T_{tqm}}{r} = \mu Mg\left(\frac{55}{100} + \frac{F_x}{Mg}\frac{h}{L}\right) \tag{8.6}$$

解式(8.6)得到主减速比 $i_0 = 3.501$。

链轮的齿数选取原则:①链条的传动速度高时,为了减缓磨损速度,齿数应选择多些;②为了使链轮磨损均匀,链轮齿数应取与链节数互为质数的奇数[52]。选择主动链轮齿数 $z_1 = 11$,则从动链轮齿数为 $z_2 = i_0 \times z_1 = 3.501 \times 11 = 38.5$。计算结果取整数,所以从动链轮的齿数为 $z_2 = 38$。最终链传动的传动比(即主减速比)确定为

$$i_0 = \frac{z_2}{z_1} = \frac{38}{11} = 3.45 \tag{8.7}$$

2. 链条的选型和测绘

链条使用的是日本 RK520 链条,它是一种高性能赛车油封型链条,内链板与外链板之间增加了密封圈,大大地提升了链条的使用寿命和性能。表 8.2 为 RK520 链条的主要参数。

表 8.2　RK520 主要参数　　　　　　　　　　　　　　　单位:mm

参数	节距 p	滚子直径 d_1	内链板内宽 b_2	内链板高度 h_2	排距 p_t
数据	15.875	10.10	6.40	14.92	单排

根据测量的链条参数,利用 UG 画出链条的三维模型,如图 8.2 所示。

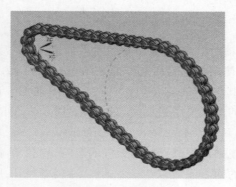

图 8.2　RK520 链条

3. 链轮的设计

链轮的齿形设计有较大的灵活性,链轮的设计可采用三圆弧一直线齿形,其齿槽形状如图 8.3 所示。齿槽参数查《机械设计手册(第二卷)》[53] 中表 6.2-14 与表 6.2-15 可得链轮的轴面齿廓尺寸(图 8.4)。

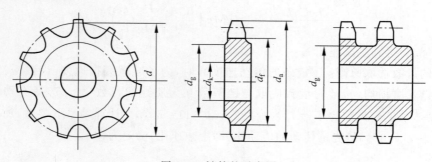

图 8.3　链轮的示意图

根据链轮尺寸的计算结果，便可以在 UG 中进行 11 齿链轮和 38 齿链轮的三维建模[54]，分别如图 8.5 和图 8.6 所示。

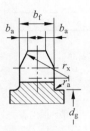

图 8.4　轴面齿廓尺寸

图 8.5　11 齿链轮

图 8.6　38 齿链轮

4. 链轮材料及热处理

由于主动链轮的齿数比从动链轮的齿数少，磨损的速度更快，同时为了减轻从动链轮的质量，两个链轮采用不同的材料。11 齿链轮采用 40Cr，38 齿链轮采用有良好综合性能且高强度的铝合金 7075-T6，链轮材料热处理及齿面硬度如表 8.3 所示[55-56]。

表 8.3　链轮材料及热处理

链轮	材料	热处理	齿面硬度	应用范围
11 齿	40Cr	淬火、回火	40～50HRC	$z<25$ 有动载荷及传动功率较大的链轮
38 齿	7075-T6	硬质阳极氧化	约 40HRC	要求强度较高、轮齿耐磨的链轮

8.2　链轮的有限元分析

1. 有限元分析

在实际软件的操作中，有限元分析一般可以分成三个步骤：前处理、求解分析和后处理。前处理的目的是得到需要分析的物理物体或系统的有限元模型，通过一些前处理软件可以实现，其中比较常用的是 HyperMesh 软件，它可以利用网格质量检查和丰富的网格划分面板实现高质量的网格单元划分[57]。通过求解器求解分析可以得到一些结果云图或数据曲线，后处理则参考这些分析结果验证物理物体或系统是否能满足工作性能要求，并利用力学知识和工程实践经验来优化物体或系统，使其满足要求。

2. 链轮模型前处理

将链轮的三维模型从 UG 中导进 HyperMesh，进行几何清理、划分网格和施加载荷约束等一系列前处理，最后得到链轮的有限元模型。链轮的材料属性如表 8.4 所示。

表 8.4 链轮材料属性

链轮	材料	弹性模量	泊松比	屈服强度/MPa	抗拉强度/MPa
11 齿链轮	40Cr	2.11×10^{11}	0.277	785	980
38 齿链轮	7075-T6	7.2×10^{10}	0.33	505	550

分析工况选择链传动的极限工况,即赛车在 1 挡发动机以最大转矩输出时链传动的受力情况。11 齿链轮所受转矩 T_{11} 的计算公式见式(8.8):

$$T_{11} = T_{tqm} i_1 \eta_1 \tag{8.8}$$

式中,T_{tqm} 为发动机最大转矩; i_1 为 1 挡传动比; η_1 为变速箱传动效率,取 0.95。式(8.8)中代入数据求得 $T_{11} = 253 \text{N·m}$,则链条紧边拉力 F 为

$$F = 2K \frac{T_{11}}{d_{11}} \tag{8.9}$$

式中,K 为链传动的工况系数; d_{11} 为 11 齿链轮的分度圆直径。由于发动机采用的是四缸发动机,工作较平缓,所以工况系数 K 取 1.5。式(8.9)中代入数据得 $F = 13\ 469 \text{N}$。

38 齿链轮所受的最大转矩 T_{38} 可以表示为

$$T_{38} = \eta_2 F \frac{d_{38}}{2} \tag{8.10}$$

式中,η_2 为链传动的传动效率,取 0.94; d_{38} 为 38 齿链轮的分度圆直径。代入数据得 $T_{38} = 1216 \text{N·m}$。主动链轮(11 齿链轮)的边界条件为:固定约束链轮的渐开线内花键,在连续的 5 个轮齿的工作段圆弧上总共施加转矩 $K \times 253 \text{N·m}$;从动链轮(38 齿链轮)的边界条件为:固定约束链轮的渐开线内花键,在 1/4 圆周的轮齿的工作段圆弧上总共施加转矩 1216N·m。最后处理得到的主、从动链轮的有限元模型如图 8.7 和图 8.8 所示。

图 8.7 主动链轮有限元模型

图 8.8 从动链轮有限元模型

3. 结果分析

在 HyperMesh 中建立链轮的有限元模型后,提交给 OptiStruct 求解器进行求解,得到的结果如图 8.9~图 8.12 所示。

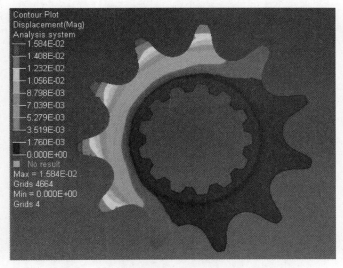

图 8.9　主动链轮的位移云图（见文前彩图）

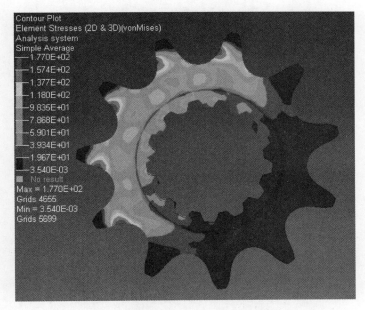

图 8.10　主动链轮的应力云图（见文前彩图）

从结果云图可以得到主动链轮的最大位移量为 0.015mm，在可允许的范围内；最大的应力为 177MPa，发生在轮齿的齿面上，安全系数为 $980/177=5.5>1$。从有限元的分析结果来看，主动链轮是满足使用要求的。

图 8.11 从动链轮的位移云图(见文前彩图)

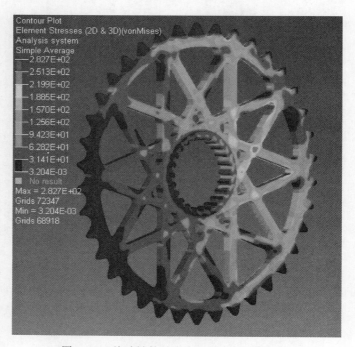

图 8.12 从动链轮的应力云图(见文前彩图)

8.3 差 速 器

汽车差速器按结构型式的不同,可分为普通对称式圆锥行星齿轮差速器和防滑差速器,其中防滑差速器又可分为差速锁和自锁式差速器,而普通对称式圆锥行星齿轮差速器应用最广泛[25]。

当汽车转弯时,差速器的行星齿轮在绕半轴齿轮中心"公转"的同时,还会绕行星齿轮轴自转。这时外侧车轮及其半轴齿轮的转速将增高,在同一时间,内侧车轮及其半轴齿轮的转速将降低,这就解决了转弯时汽车左右车轮发生滑转或滑移的问题。由于行星齿轮发生自转产生摩擦力矩,旋转变慢的内侧半轴齿轮所分配的转矩较大,而旋转变快的外侧半轴齿轮所分配的转矩较小。两侧行星齿轮的转矩差为行星齿轮发生自转所产生的摩擦力矩。

可见,差速器的内摩擦使驱动桥左右半轴的转矩分配发生了改变,但转弯时由于汽车的左、右车轮的载荷转移,使外侧车轮的附着条件比内侧车轮的好,所以可能会导致内侧车轮打滑,而外侧车轮的驱动力还远达不到其附着极限,无法发挥潜在的驱动力。为了解决这一问题,使用了摩擦片式的限滑差速器,以便能更好地利用外侧车轮的附着力,从而提高汽车在弯道的加速性能。当限滑差速器工作时,汽车的总驱动力所能达到的最大值可表示为

$$F_{\text{tmax}} = 2F_{\varphi\min} + \frac{T_f}{r} \tag{8.11}$$

式中,F_{tmax} 为左、右驱动轮的总驱动力的最大值;$F_{\varphi\min}$ 为在附着力较小的驱动轮上的驱动力;T_f 为差速器的内摩擦力矩。

1. 自由差速器

自由差速器是最早使用的差速器,其作用是使汽车在转弯过程中内外侧车轮之间能够相对自由地转动,减小车轮磨损并增加转向灵敏度。自由差速器的结构示意图及三维模型如图 8.13 所示。

动力从输入轴输入到差速器从动齿轮上,差速器从动齿轮与差速器壳体是一个整体,差速器壳体将动力传递到安装于其上的行星齿轮上。当汽车在良好路面上直行时,左右驱动轮与地面附着力相同,因此左右半轴齿轮对行星齿轮的阻力矩相同,行星齿轮不转动,左右半轴齿轮以相同的转速、相同的转矩输出;当汽车转弯时,左右半轴齿轮对行星齿轮的转矩不相同,行星齿轮转动,左右半轴齿轮以不同的转速转动,实现差速。

赛车在比赛时通常会以较高的速度过弯,在离心力的作用下车体会产生向外的侧倾,这会使赛车的内侧车轮附着力下降,极限状态时,内侧车轮会离开地面,完全失去车轮附着力。如果赛车安装的是自由差速器,那么当赛车过弯时,内侧车轮出现上述的状态,差速器会把大部分动力甚至全部动力都输出到内侧的驱动轮上,从而造成内侧车轮打滑而外侧车轮没有动力的情况,赛车在过弯时无有效的动力输出,影响赛车过弯速度。另外,由于差速器传

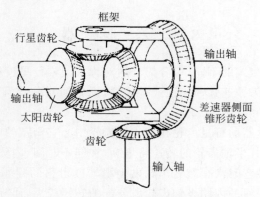

图 8.13　自由差速器结构示意图

递到驱动车轮上的转矩突然变化,也会造成赛车在过弯时不稳甚至失控。因此,赛车安装的差速器基本为带有限滑功能的差速器。

2. 托森差速器

托森差速器是限滑差速器的一种,它是利用蜗轮蜗杆传动不可逆性原理以及蜗轮蜗杆齿面高摩擦条件,使差速器内部转矩变化而实现差速器差速或锁死。托森差速器的结构如图 8.14 所示。

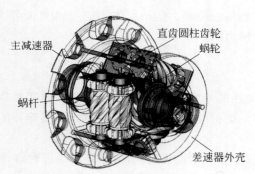

图 8.14　托森差速器结构

托森差速器的工作原理如下:当汽车在平直道路直线行驶时,两侧半轴施加在蜗轮蜗杆上的转矩相同,蜗轮两端的直齿轮因为受到相等的转矩而没有相对转动,左、右两个半轴蜗杆以相同转速转动。当汽车转弯或某侧车轮打滑,不妨假设图中左侧对应的车轮打滑时,则左侧半轴转速增加,转速大于右侧半轴,左侧蜗杆带动蜗轮以图示箭头方向转动,固定在蜗轮两端的直齿轮以箭头指示方向转动,则右侧蜗轮向反方向运动,实现转速差。由于蜗轮蜗杆逆传动效率很低,因此,当两轴转速差达到一定值时,蜗轮蜗杆锁死,限制转速差继续加大,实现限滑功能。

由上述可知,托森差速器靠蜗轮蜗杆之间的逆传动效率低的特性来实现差速器锁死限滑。限滑效能取决于两输出轴的转速差以及差速器内摩擦力矩的大小,转速差由路面状况决定,差速器的内摩擦力矩则在很大程度上取决于蜗轮蜗杆的特性参数。通过设定蜗杆的螺旋角以及摩擦角,可以改变托森差速器的锁紧系数,从而得到需要的锁紧效能。一般轴间差速器所需转速差相对较小,可以选择较大的锁紧系数,而轮间差速器需要保证过弯的稳定性,通常会选择稍小一些的锁紧系数。

3. 摩擦片式限滑差速器

摩擦片式限滑差速器可以看作通过普通自由差速器和左、右半轴齿轮与差速器壳体之间的离合器结合作用来实现的限滑差速器。图 8.15 所示为摩擦片式限滑差速器的结构。

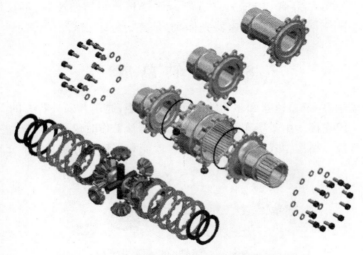

图 8.15　摩擦片式限滑差速器结构

摩擦片式限滑差速器的基本原理与自由差速器类似,都是通过行星架上的锥齿轮转动来吸收两侧输出轴的转速差。所不同的是,摩擦片式限滑差速器的行星架并没有直接固定安装于差速器壳体上,而是通过两瓣保持架间接与差速器壳体连接。当车辆两侧半轴转速相同时,差速器壳体将转矩传递给保持架,保持架推动行星架将动力通过行星齿轮传递给两侧半轴齿轮,由于两瓣保持架的斜面与行星架支撑面之间是光滑的斜面配合,因此在传递转矩时,行星架推动两个保持架往两侧移动,使外摩擦片和内摩擦片之间的正压力增加(差速器装配时,弹簧被压缩,有初始预压力)。当两侧车轮转速不同时,假设左侧车轮转速较快、右侧车轮转速较慢,则左半轴转速大于差速器壳体、右半轴转速小于差速器壳体。因此与差速器壳体连接的外摩擦片和与半轴连接的内摩擦片之间便会产生相对转动,从而产生摩擦力矩,其数值大小与差速器传递的转矩和摩擦片数量成正比,方向则与快转半轴旋向相反、与慢转半轴旋向相同。较大的摩擦力矩作用于慢转半轴,使慢转半轴的转矩明显增加。

行星架与两瓣保持架之间的配合面是决定摩擦力的重要因素之一。通过对两瓣保持架的斜面设计,可以使差速器呈现 1way、1.5way、2way 三种不同的工作模式。其中 1way 是指差速器在有动力输出的状态下起限滑作用,无动力输出时限滑功能关闭;1.5way 是指差速器在有动力输出的状态下起限滑作用,无动力输出时只产生 50% 的限滑作用;2way 是指无论有无动力输出的状态下,差速器限滑作用均开启。为保证赛车在过弯时有良好的动力输出,同时有灵敏的转向响应,一般方程式赛车的差速器设定为 1.5way 模式[58]。

市面上有一些限滑差速器,如日本 CUSCO 差速器,其强度及转矩传递能力是以超跑的数据来进行标定的,对于动力及整车质量都要小很多的 FSAE 赛车来说不太适用,而且质量太大。如果选择这种产品,则需要对差速器壳体进行轻量化改制。通常采用高强度铝合金材料自制差速器壳体。改制中如何保证所需差速器的锁紧系数以及如何匹配赛车是需要谨慎考虑的。有一些高端品牌如 Drexler 有专为 FSAE 定制的差速器,不仅性能得以保证,质量也轻,而且完全不用自己改制差速器壳体,但是其价格也很高。

8.4 半轴总成

半轴也叫驱动轴,用于差速器和驱动轮之间传递转矩,通过其内外各有的一个万向节分别与差速器和轮毂实现连接。由于赛车采用独立悬架,半轴工作时仅承受转矩,它的两端均不承受任何侧向力和弯矩。结构型式如图 8.16 所示。球笼和三球销分别见图 8.17 和图 8.18。

图 8.16 半轴的结构型式

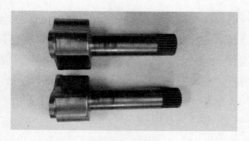

图 8.17 球笼

图 8.18 三球销

1. 半轴长度的确定

汽车在行驶过程中,由于轮胎的跳动导致半轴的长度和角度经常变化,所以在确定半轴的长度时要考虑车轮跳动曲线(图 8.19),避免半轴太长而可能阻碍车轮的跳动或太短而可能导致半轴掉出万向节槽壳。

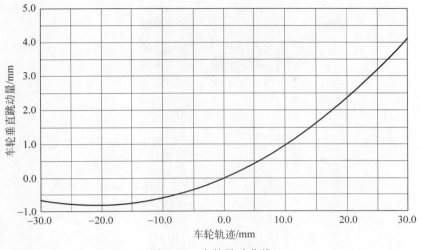

图 8.19 车轮跳动曲线

根据内球笼及轮毂之间距离,再由车轮跳动曲线确定车轮轴向的位移情况,为半轴的轴向移动预留出充分的空间,进而确定半轴的长度尺寸。

2. 内嵌球笼式轮毂的设计

从差速器到车轮的动力传递路线通常为:差速器→内球笼→半轴→外球笼→轮毂→车轮。外球笼与轮毂通过花键连接来传递动力,为了去掉外球笼到轮毂这一传递过程,现在将外球笼的三柱槽壳与轮毂设计为一体。外球笼的三柱槽壳截面形状的结构参数与内球笼的一致,具体参数如图 8.20 所示。

设计外球笼三柱槽壳的沟道轴向长度时应考虑三球销轴承在沟道内有足够的轴向移动量,最后取为 34mm。另外,车轮的轮辐上有四个轮毂螺栓安装孔,所以与之对应,轮毂上需要设计带有四个与轮毂螺栓配合的 M10 螺纹孔的法兰。同时,制动系统采用浮动式制动盘,与轮毂通过铆钉连接,所以根据制动盘的固定位置和形式设计轮毂的制动盘法兰。

轮毂的材料采用高强度铝合金 7075-T6,但由于 7075-T6 的硬度达不到三柱槽壳的沟道表面硬度要求(58~62HRC),所以需要在轮毂内增加硬度更高的钢套。钢套材料选择 45Mn2 钢,45Mn2 钢为中碳调质钢,强度、耐磨性和淬透性均较高,通过淬火

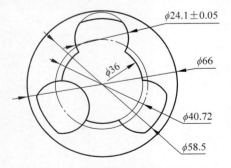

图 8.20 三柱槽壳的截面形状

后表面硬度能达到 57~63HRC[59]。轮毂的结构如图 8.21 所示。

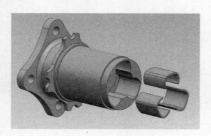

图 8.21 轮毂

轮毂与外球笼的一体化设计有以下几个优点：①减少传动零件，简化了结构，提高了传动效率；②轮毂材料采用铝合金，由于铝合金的导热性能是钢的三倍左右，有利于制动盘的散热；③减轻了轮毂的质量，因此降低了悬架的簧下质量，提高了悬架灵敏度，进而提高了汽车的操控性。

第9章 赛车试验

汽车试验,是评价汽车产品性能、质量的一个综合手段,对于汽车产品的研发与生产非常重要,可以有效地提升汽车产品的研发与制造效率,提高质量,促进汽车产业的发展。

9.1 汽车试验

1. 试验分类

汽车试验按照试验场地的不同,主要分为试验台试验、试验场试验、道路试验等[60]。

1) 试验台试验

试验台试验位于室内,根据不同的试验台类型其试验项目也不同,在试验过程中受到的外部影响因素较小,主要目的是对汽车的零部件以及整车性能进行耐久性可靠性试验,主要特点是试验周期短、试验成本低,且试验效果较好。常见的试验台有整车转鼓试验台、发动机性能试验台、疲劳测试试验台等。发动机台架试验见图9.1。

试验台试验可以检验大部分的汽车零部件,早期试验台试验的项目与内容较为简单,主要以连续固定载荷循环试验为主,随着技术的发展,现在试验台试验已经可以模拟多种汽车运行环境下的试验,比如起步、停车、高温、低温等,试验的内容与项目也越来越多,已经成为汽车试验中必不可少的试验环节,而且试验成本越来越低,试验效果越来越好。试验台试验只是对于汽车的单项性能或部件进行试验,难以综合全面地评价汽车的整体性能。

2) 试验场试验

试验场试验是在汽车专用的试验场内进行汽车试验的一种方式,汽车的专用试验场可以模拟多种复杂的路况,较为真实地试验汽车的综合性能,分析不同道路情况对于汽车行驶的影响。根据试验目的以及道路情况的不同,主要分为可靠性试验路面、性能试验路面和高速试验路面。比如砂石路主要是测试耐久性,高速环形路主要测试平顺性,此外还有涉水路面测试涉水性能、撞车试验场等。专业的汽车试验车可以在保证安全性的前提下,对汽车进

图 9.1　发动机台架试验

行全面的极限测试,提升汽车的安全性能,试验内容与试验类型都非常多,在短时间内极大程度上验证汽车的可靠性。某汽车试验场见图 9.2。

图 9.2　某汽车试验场鸟瞰

3）道路试验

道路试验是汽车试验的最终环节，经过试验台试验与试验场试验后就要进行真实使用环境下的道路试验，是对于整车行驶性能的综合评测。在道路试验中汽车要完成各种测试，并且为了达到测试效果要施加模拟负荷，按照真实的使用需求在不同的地区行驶足够的里程，以测试不同行驶环境下的汽车性能。比如要在高原、寒带、热带等多个地方进行试验，全面反映汽车的真实性能。比如在海南建设的热带汽车试验场、在漠河等地建设的寒带试验场、在新疆建设的高温沙漠汽车试验场以及在青藏地区建设的高原汽车试验场等。道路试验中的汽车见图9.3。

图 9.3 道路试验中的某型汽车

2. 试验类型

根据试验目的的不同汽车试验又分为多种试验类型，主要有定型试验、检查性试验、发展和研究性试验等。汽车试验对于汽车研发非常重要，是汽车研发的理论验证与数据基础，只有经过实践检验的理论才具有价值。

1）定型试验

定型试验一般在汽车的主要零部件正式投入生产前进行，主要测试的是汽车的各种性能是否符合汽车产品定位的需求。定型试验一般要试验七八辆样车，分为两部分进行试验，其中一部分主要是用于适应性试验，另一部分要行驶 10 万 km 以上测试耐久性与可靠性。

尤其是新车型在定型试验前还要进行发展性试验，累计行驶里程要达到100万km。试验完成后要收集所有数据，针对出现的问题提出解决措施，消除后再使用50辆左右的样车进行第二阶段的定型试验，保证使用稳定后才能定型生产。

2）检查性试验

检查性试验是指在汽车生产的过程中随机不定期地进行样品抽查，从不同批次的产品中随机抽查车辆进行整体性能的检查性试验。检查性试验对于汽车的生产质量与性能的控制极为重要，如果发现问题要及时对同一批次的所有车辆进行整改，并追查原因。

3）发展和研究性试验

发展和研究性试验指的是对未来的汽车发展方向以及新的汽车材料、汽车制造理论、汽车造型结构以及市场需求等进行研究、开发的试验。在汽车制造企业中，产品研发中心是非常重要的一个部门，该部门一方面从事基础性的技术研究，另一方面就是研究汽车未来的发展、设计与改进等，这些研究工作都需要大量的汽车试验辅助验证。

3. 汽车试验的重要性

汽车工业是制造业中最为重要的支柱产业之一，对于现代社会的影响极大，随着现代社会的发展，新技术与新理念层出不穷，汽车的研发工作也变得越来越重要。但是汽车的研发主要是基于理论进行设计与思考，而汽车试验是检验这些理论是否可靠的重要手段。汽车的结构精细，是一种由多项系统组成的复杂工业品，任何一处的质量问题或者缺陷设计都可能导致汽车产品的整体性能下降，引发较大的安全风险。但是无论设计水平多么高超，都难以避免问题的出现，而汽车试验是检验这些问题的重要手段。总体而言，汽车试验对于汽车的研发非常重要，具有如下的作用：

（1）汽车试验可以检验汽车产品的综合性能，从汽车产品的设计、结构、工艺等多个角度评价汽车的性能，并对汽车的维修保养提供可靠的指导与参考，总体提升汽车的性能。

（2）汽车试验的项目与类型较多，可以检验汽车的极限性能，对于汽车在剧烈碰撞、最高速度控制、复杂行驶环境等多种极端条件下的行驶性能进行评价，用于提高汽车的安全性，反映出设计图纸中不能体现出的数据与问题。

（3）利用汽车试验可以知道汽车产品的研发方向，推动设计理念的进步，可以及时地在试验过程中发现问题，并进行反馈，结合现有的技术与理念及时提出解决措施，完善设计，保证汽车产品的质量，并进一步推动汽车研发的进步。

9.2　FSAE常见试验

受限于时间、经费、技术等多方面因素，FSAE常见的汽车试验并未覆盖乘用车市场上的全部试验，仅仅进行了部分性能试验与安全实验。以下列出部分汽车试验。

1. 底盘系统试验

1) 制动盘台架试验

为了保证行驶安全,汽车制动系统的可靠性尤为重要。制动执行机构主要包括盘式制动器和鼓式制动器。相比于鼓式制动器制动过程中温度升高、制动效能热衰退严重的缺点,盘式制动器具有制动效能稳定、散热快和制动力线性度好的优点。目前,FSAE 赛车普遍采用盘式制动器,制动盘作为盘式制动器总成的重要组成部分,其性能的优劣直接影响到行车安全性和驾驶舒适性[61]。

制动盘过度磨损或者磨损不均匀时,会引起制动效能下降、制动距离增长;在高温条件下容易产生变形和裂纹,影响持续制动力,有安全隐患;过度磨损的制动盘如不及时更换会加剧制动片的磨损,缩短制动片使用寿命。在整车测试过程中对制动盘性能的探究有一定难度,相反,在产品设计开发和试验验证阶段通过惯性试验台架对制动盘的性能进行考核测试更为实际可行(图 9.4)。吉林大学赛车队曾在 2022 年开展过制动盘台架试验(图 9.5)。

图 9.4　惯性台架试验机　　　　图 9.5　制动盘台架试验中

2) 减振器台架试验

减振器是安装在车体与负重轮之间的阻尼元件,其原理是利用阻尼运动衰减运动中产生的能量,从而缓和与衰减车辆在行驶过程中因道路凹凸不平而受到的振动和冲击、减小车体振动的振幅和振动的次数,使车轮始终与地面保持牢固的接触,保证行车的平顺舒适性,延长车辆的使用寿命。减振器作为汽车悬架系统的重要组成部件之一,其性能好坏直接关系到整车的安全性和舒适性,是汽车零部件中至关重要的零部件。

减振器性能主要通过产品测试进行评价,而评价的基本项目为减振器在不同速度下的示功特性,即在不同的行程和不同的速度条件下,阻尼力是否满足设计要求、示功图是否丰满、圆滑,并且不应有空行程、畸变等现象。而环境温度是影响产品阻尼特性和速度特性的重要因素。Ohlins TTX25 减振器的内部结构如图 9.6 所示。

3) KC 台架试验

目前对于底盘调校的主要手段可以概括为主观评价、道路客观试验、KC 台架试验、CAE 虚拟仿真。本书主要介绍 KC 试验。悬架 KC(kinematics compliance)即悬架运动学

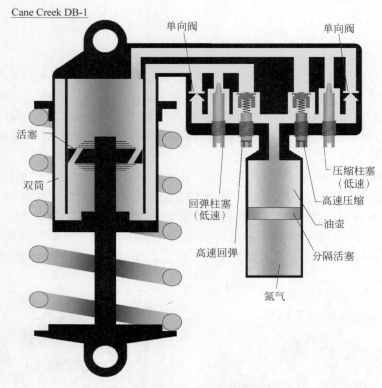

图 9.6 Ohlins TTX25 内部结构

特性和平顺性特性,KC 试验通常在 KC 试验台上进行,就是在台架上模拟道路激励导致的悬架变形运动。目前市场上使用较多的是 ABD 的 KC 试验台架(图 9.7)[62]。

图 9.7 常见的 KC 试验台

常见的 KC 试验包括以下 6 种工况。

(1) 垂直试验:固定汽车方向盘和制动踏板,给车轮施加垂直力,车轮沿同样的方向上下跳动,其中左右两侧车轮同步进行,保证水平方向的力为零。用于评价悬架刚度、轮胎径向刚度、外倾角等。

(2) 侧倾试验：试验过程中，左右两侧车轮反方向跳动，同时平台随着车轮偏转，模拟汽车在水平路面上转弯时所产生的侧倾运动。用于评价悬架侧倾刚度、侧倾中心高度等。

(3) 侧向力试验：试验过程中，给车轮一个侧向的力。力分为同向和反向，通过侧向同向的力移动左右平台，平台对轮胎施加方向相同的侧向力，反之亦然，模拟汽车转弯时因离心力引起的地面反作用力。用于评价悬架在受到侧向力时各特性参数的变化，主要包括轮胎侧向刚度、外倾角柔顺性等。

(4) 纵向力试验：通过平台对车轮施加一个水平方向的力，包括正反向，可模拟汽车在加速和制动过程中的受力，用于评价轮心处纵向柔顺性、轮胎纵向刚度等。

(5) 回正力矩试验：固定汽车方向盘和制动踏板，通过平台对左右车轮分别施加转动力矩。用于评价车轮受到回正力矩时悬架系统的性能、车轮中心侧向位移、转向角度变化等。

(6) 转向几何关系试验：使控制水平方向的力为零，通过驾驶员手动转动方向盘，测量转向、悬架对应参数。用于评价转向传动比、阿克曼曲线等。

目前仍未有 FSAE 车队开展过相关试验。

2. 发动机台架试验

1) 试验目的

由于大学生方程式赛车目前使用的发动机没有气门正时可变技术，所以车队只需要针对点火提前角和喷油脉宽进行稳态工况点标定。通过调整点火提前角改变燃烧压力峰值在冲程中产生的位置，目标是使峰值出现在上止点后，最大化利用燃烧冲程。如果点火太迟，活塞会推出燃烧扩散的混合气体。如果点火太早，压力峰值会出现在上止点前，发动机的动量会推动活塞对抗强大的压力，造成很多昂贵的零件损坏。通过调整提前点火时间去适应运行中的不同状况是发动机点火提前角调整的目标。在大多数情况下，一台发动机的运行会有很多不同的点火提前角标准。在没有遇到爆震的情况下，调整范围十分宽。在这个范围中间的某个地方有一个可加速负载的点火提前角，可以产生发动机的动力输出。这个点火提前角被称为最大制动转矩(maximum brake torque, MBT)，实际上最大转矩的正时随速度和负荷的不同而改变。喷油脉宽决定了喷射入歧管并与新鲜空气混合的燃料数量。车队需要根据氧传感器返回的数值将喷油脉宽调整到合适的空燃比范围，以提升赛车的动力性和燃油经济性。发动机台架试验示意图见图 9.8。

2) 负荷特性

负荷特性是指发动机在一定转速下输出功率和转矩随发动机节气门开度变化的特性曲线。进行负荷特性试验时，需要为测功机设定恒定的目标转速，发动机在节气门开度变化时

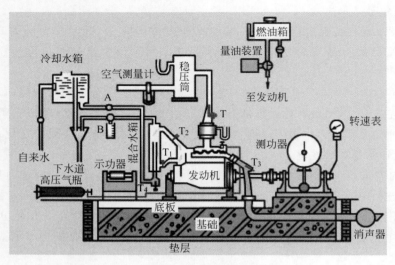

图 9.8 发动机台架试验示意图

输出转矩会随之发生变化,测功机会产生一个相反的转矩使发动机转速恒定在目标转速,通过测功机读取的功率和转矩就是发动机的输出数据。

3) 速度特性

速度特性是指发动机在固定节气门开度的情况下,输出功率和转矩随转速变化的特性曲线。在节气门全开状态下测得的速度特性曲线,称为发动机的外特性曲线,外特性曲线可以很好地反映一台发动机的最大动力输出水平,也是评价一台发动机动力性能的重要参考依据。

4) 测功机

发动机台架安装示意图见图 9.9。

目前较为常见的测功机都为电涡流测功机,测功机使用电力在输入轴产生一个相反的转矩以对抗发动机输出的转矩;发动机与测功机需要使用联轴器(图 9.10)进行连接;台架需要进行对中才能保证发动机在进行台架试验过程中的安全性[63]。

5) 试验注意事项

进行试验时操作人员要特别注意自身安全,联轴器需要使用防护罩覆盖,在其旋转半径所在的平面是最危险的区域,相关人员应避免靠近这一区域。发动机线束与水路需要妥善固定,防止在标定过程中与发动机高温部件接触发生融化甚至火灾。拆卸发动机水路时应确保发动机已经充分冷却,如果尚未冷却,残余的压力与高温冷却水会造成烫伤等安全事故。在标定过程中,如果出现任何异常响动应立刻停止标定试验,进行安全检查,切忌抱有侥幸心理。

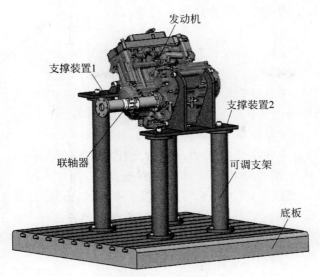

图 9.9　发动机台架安装示意图

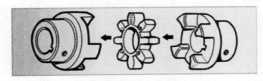

图 9.10　梅花联轴器

3. 空气动力学试验

1）道路试验

考虑到计算机能力的迅速增强和计算机的硬件、软件的花费逐渐减少，CFD 技术越来越具有吸引力。然而，并不是流体的所有物理问题都可以被数字模型化，需要对计算机所得到的结果进行处理和解释。由于之前提及的优点，许多专业团队在利用计算机数值模拟技术的同时会关联风洞试验和道路试验一起进行研究。

道路试验最突出的优点是所测试的是真车在实际路面上行驶时的数据。不仅如此，改进设计所产生的效果可以非常快速地通过测量汽车在预定道路的最大速度或转弯速度进行评估。但是道路试验有着严重的缺点，那就是不可控制的外部环境，比如风和地面起伏。

对于道路试验，将集中关注怎样获得空气动力学升力、阻力、表面压力分布和气流可视化这些信息。

(1) 升力的测量

传统的道路试验升力测量技术是测量由空气动力学负载引起悬架的变形或应变，通常利用安装在悬架弹簧上的直线位移传感器来测量,如图9.11所示。

每个车轮上悬架的变形都是可以测量出来的,并且相关的悬架部件附近的位移都可以通过对等的升力或下压力表示。这种方法最直接的优点是车轮之间的载荷分布很容易获得,缺点是车轮自身的升力无法测量。因此,在测试开放车轮赛车时会出现比测试封闭车轮赛车更大的困难。

为了计算空气动力学系数,比如升力系数以及阻力系数,必须同时测量汽车的速度和动压。这通常用到皮托管,如图9.12所示。它可以直接测量动压,也可以测量侧滑角(侧向风)和空气温度。由于这种测量方式需要在无气流干扰的条件下,所以这种探头通常安装在汽车前上方,因为在这些位置,汽车自身引起的干扰可以忽略不计。

图9.11 直线位移传感器

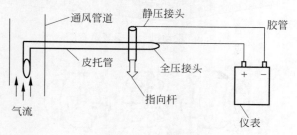

图9.12 皮托管

(2) 阻力的测量

道路试验测量阻力有些复杂,由于汽车前进运动的阻力不仅有空气动力学阻力,还有汽车的轮胎摩擦阻力和轮胎滚动阻力,因此通过道路试验的手段测量空气动力学阻力需要已知标准载荷下轮胎滚动阻力与速度之间关系的数据资料,这些数据通常可以从赛车轮胎制造商处得到。

直线跑道上测试赛车最高速度的试验,能够提供关于赛车阻力较好的比较性信息(假设测量赛车的速度时侧向风的影响是可以忽略的)。通过简要地记录在节气门开度到最大状态时各种设计下发动机的最高转速,就可以获得相当精确的空气动力学阻力比较结果。即使在改变齿轮的传动比以匹配新的最高速度的情况下,增加的阻力仍然明显地降低了汽车的最高速度。

减速滑行试验也可以提供有关赛车阻力较好的信息,这种方法要先为试验车设定一个初始速度,然后让它滑行至静止状态。阻力系数取决于减速度和滑行距离这两个数据。尽管试验在理论上操作简单,但是它需要考虑到惯性的影响。同时,外部扰动在等速试验中的影响要比预期的更加敏感,所以每一个数据需要做相当多的重复试验。

(3) 表面压力的测量

汽车的表面压力可以通过如图9.13所示的方法测量：在车的表面上钻一个小孔（钻得齐平并且与外表面垂直），将这个点与压力传感器连接，这种方法测量的是静压。为了计算相关的压力系数，需要测量动压，可以通过皮托管进行测量。

为了获得汽车上全面的压力分布，需要钻大量的压力小孔（称之为测压孔），并且让这些小孔与一个中央测量单元（压力传感器）相连。

(4) 流体可视化

流体可视化方法在判断特定流动状况的发生时有重要作用，在赛车上，流体可视化常被用来显示一般的气流方向和气流涡流区。此外，气流分离线的位置（例如气流进入赛车车身两侧冷却口的方向）等信息也能够提供非常有价值的参考，用于进行车身表面形状的修改。在道路试验中，气流可视化的结果通常由安装在汽车或跟踪车上的摄像机记录下来。

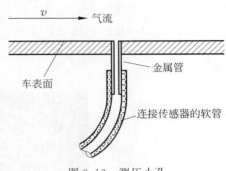

图9.13 测压小孔

理论上，可以将气流可视化方法分为物体表面上和物体表面外的可视化。对于物体表面上的可视化，通常采用丝线法，如图9.14所示。一般选用轻柔的绸带和细小的丝线。丝线的长度和间距根据模型部位和流场的复杂情况等确定，长度一般在50～100mm，间距一般在5～10mm。在流场较复杂的部位，采用较短的丝线，间距也较小些。反之，在一些结构变化较小、流动较简单的表面上布置的丝线较长，间距也较大。

图9.14 丝线法

通过观察粘贴在模型表面上的丝线的运动状况来确定模型表面的流谱。在附着气流的情况下，这种丝线是稳定的并且指向气流的方向，而在分离气流的情况下它们随着气流快速摆动，并且经常指向远离预期的气流方向。丝线法虽然简单易行，各点流态清晰可见，但因丝线本身的质量和惯性，与真实的流态略有差异。

除丝线法外，表面油膜法也可以很直观地观察气流流动，特别是判断流动发生分离的情况。通过观察黏性流体的轨迹来判断车身周围的流动状况，但是这种黏性流体可能会把物体表面弄得很脏。

对于物体表面外的可视化方法，在道路试验的过程中执行可视化方法通常是很困难的，因为这种类型最常用的方法就是烟流轨迹的应用。

风洞试验中的烟流轨迹是由安装在模型前端的一排放烟的管子产生的，如图9.15所示。当在道路试验中用到同样的方法时，这排管子通常需要安装在试验车的车身上，因此难以操作。

图9.15　风洞试验中的烟流轨迹

2) 风洞技术

风洞试验是研究汽车空气动力学的重要手段。由于车体绕流存在大量湍流、气体的分离和再附着，因此依靠单一的理论计算是无法满足研究需求的。风洞试验是指通过在风洞中安置物体模型，研究气体流动及其与模型的相互作用，以了解实际物体的空气动力学特性的一种空气动力试验方法[64]。通过风洞试验可以获得被测物体的总体气动六分力、局部压力等气动特性指标，并可以通过流态观测手段了解被测物体附近流场的气体流动规律。

风洞试验的优点是可以控制风洞内部试验环境。数值方法并不能代替风洞试验。就这一点而言，风洞试验数据更具有真实性与准确性，具备客观性更强的技术优势。但是全尺寸风洞试验通常比较昂贵，并且可能没有试验模型（或还没有制作模型）。另一方面，小比例的模型和它们的试验可能不会完全与全尺寸试验的条件一样。此外，风洞的洞体壁面和静止的地板（如果不转动）还会引入一些附加问题，而这些问题会导致理论上获得的数据与赛车在赛道上的数据存在差异。

对于参加FSAE赛事的高等院校学生来说，资金的短缺和资源的不平衡使得空气动力学的设计者不可能将风洞试验落实到赛车的设计环节中，即研发性风洞试验在FSAE空气动力学的设计和规划过程中并不可取。

参考文献

[1] 中国汽车工程学会. 大学生方程式系列赛事介绍[EB/OL]. (2022-06-30)[2023-07-06]. http://www.formulastudent.com.cn/introduction.html.
[2] 李三金. 大学生方程式赛车总布置设计及优化[D]. 广州：华南理工大学，2011.
[3] 李理光. 中国大学生方程式汽车大赛规则(2023)[Z]. 北京：中国汽车工程学会，2023.
[4] SEWARD D. Race Car Design[M]. London：PALGRAVE，2014：119.
[5] 王霄锋. 汽车悬架和转向系统设计[M]. 北京：清华大学出版社，2015：1-80.
[6] 夏文彬. 浅析大学生方程式赛车的总布置设计与优化[J]. 科技风，2014，241(7)：61.
[7] MIHAILIDIS A. The design of a Formula Student race car[D]. Thessaloniki：Aristotle University of Thessaloniki，2009.
[8] 贺绍华. 赛车轻量化系统方法与车架优化[D]. 广州：广东工业大学，2013.
[9] 曾攀. 有限元基础教程[M]. 北京：高等教育出版社，2009：29-91.
[10] 杜平安，于亚婷，刘建涛. 有限元法：原理、建模及应用[M]. 北京：国防工业出版社，2011：1-7.
[11] 谭继锦，张代胜. 汽车结构有限元分析[M]. 北京：清华大学出版社，2009：1-30，49-55，135-152.
[12] 安世亚太. ANSYS仿真技术驱动中国大学生方程式汽车大赛赛车研发[J]. 计算机辅助工程，2012，21(2)：84.
[13] 赵帅，隰大帅，王世朝. FSAE赛车车架的强度和刚度分析[J]. 计算机辅助工程，2011，20(4)：55-56.
[14] 李浩. 基于钢管空间桁架结构的小型方程式赛车车架的轻量化设计[D]. 厦门：华侨大学，2016.
[15] 白化同，郭继忠. 模态分析理论与试验[M]. 北京：北京理工大学出版社，2001：53-55.
[16] 刘志勇. 摩托车车架有限元模型及其动态特性分析[D]. 重庆：重庆大学，2003.
[17] 史文库，姚为民. 汽车构造[M]. 北京：人民交通出版社，2013：242.
[18] 吴健瑜. 大学生方程式赛车悬架优化设计及优化研究[D]. 广州：华南理工大学，2011.
[19] MILLIKEN W F，MILLIKEN D L. Race Car Vehicle Dynamics[M]. Warren-dale，PA：SAE International，1997：641-698.
[20] 杨波，左曙光，覃欢，等. 双横臂独立悬架导向机构硬点匹配设计[J]. 机械设计与制造，2010，10：65-67.
[21] 余志生. 汽车理论[M]. 北京：机械工业出版社，2000.
[22] 施长政. FSAE赛车的设计与制造[D]. 青岛：青岛大学，2013.
[23] 刘惟信. 汽车制动系统的结构分析与设计计算[M]. 北京：清华大学出版社，2004.
[24] 乔军奎，陶文锦，孙博. FSAE方程式赛车制动系统的设计[J]. 汽车工程学报，2012，2(2)：139-146.
[25] 王望予. 汽车设计[M]. 北京：机械工业出版社，2006.
[26] 德国BOSCH公司. 汽车工程手册[M]. 魏春源，译. 北京：北京理工大学出版社，2009.
[27] 王鹭，彭育辉. 大学生方程式赛车平衡杆机构的设计[J]. 机电技术，2014，1：100.
[28] 杨志华. 汽车理论[M]. 北京：机械工业出版社，2020.
[29] 洪顺达. 小型方程式赛车制动系统的设计与计算[D]. 厦门：华侨大学，2016.
[30] 釜池光夫，张福昌，李勇. 汽车设计：历史·实践·教育·理论[M]. 北京：清华大学出版社，2010.
[31] 殷毅. FSAE赛车制动系统设计[D]. 厦门：华侨大学，2017.
[32] 王建，林海英，梁颖华，等. 大学生方程式赛车设计[M]. 北京：北京理工大学出版社，2016：138.

[33] 代文庆.FSAE赛车内燃机进气系统优化设计[D].重庆:重庆大学,2016.
[34] 芮宏斌,张帅帅,史洋鹏,等.FSAE赛车发动机进排气系统优化设计[J].汽车文摘,2019,10:34-39.
[35] 叶永佳.大学生方程式赛车换挡的设计及优化[D].厦门:华侨大学,2016.
[36] WILEMSEN D H J. CFD-based aerodynamic optimisation of a 2D race car diffuser[C]. Eindhoven: Technische Universiteit Eindhoven,2012:1-51.
[37] ANDERSON J. Fundamentals of Aerodynamics[M].北京:航空工业出版社,2014.
[38] 徐华舫.空气动力学基础(上册)[M].北京:国防工业出版社,1982.
[39] 吴子牛.空气动力学[M].北京:北京航空航天大学出版社,2016.
[40] 梁子平.FSAE方程式赛车空气动力学[D].秦皇岛:燕山大学,2020.
[41] 辛冀,马成江,李攀,等.直升机旋翼的瞬态飞行地面效应流场模拟[J].空气动力学学报,2017,35(5):5.
[42] 郭欣.基于ANSYS的文丘里管原理分析[J].环球人文地理,2016,8:330-331.
[43] KATZ J. Low-Speed Aerodynamics: From Wing Theory to Panel Methods [M]. New York: McGraw-Hill Companies,1991.
[44] 王嘉鹏,汪怡平,夏煜辰,等.FSAE赛车前翼的优化设计[C]//中国汽车工程学会(China Society of Automotive Engineers).2021中国汽车工程学会年会论文集(8).北京:机械工业出版社,2021:6.
[45] 严择圆,杜常清,胡艺凤,等.大学生方程式赛车尾翼负升力特性有限元探究[J].重庆大学学报,2019,42(4):29-39.
[46] MCBEATH S. Competition Car Aerodynamics[M]. 3rd ed. Exeter: Veloce Publishing,2017.
[47] 于鹏.FSAE赛车空气动力学装置的数值模拟与优化设计[D].厦门:华侨大学,2021.
[48] 段磊,刘绍娜,黄炯炯,等.FSAE赛车车身与空气动力学套件设计及其仿真[J].汽车实用技术,2019,13:134-136.
[49] 韩小强,王洪宇,侯文彬.基于FSAE赛车的空气动力学套件设计及CFD分析[J].实验科学与技术,2016,14(1):3-7.
[50] 林学东.汽车动力匹配技术[M].北京:中国水利水电出版社,2010.
[51] 倪俊.FSAE赛车的几款常用轮胎纵向力学特性对比[J].汽车工程学报,2013,3(2):145-150.
[52] 濮良贵.机械设计[M].北京:高等教育出版社,2019:177-196.
[53] 闻邦椿.机械设计手册(第二卷)[M].6版.北京:机械工业出版社,2017.
[54] 高玉新.UGNX 8.0基础与实例教程[M].北京:机械工业出版社,2014.
[55] 常德功,樊智敏,孟兆明.带传动和链传动设计手册[M].北京:化学工业出版社,2010.
[56] 刘鸣放,刘胜新.金属材料力学性能手册[M].北京:机械工业出版社,2011.
[57] 王钰栋.HyperMesh&HyperView应用技巧与高级实例[M].北京:机械工业出版社,2012.
[58] 魏琛琛,刘浩凌,王燕妮.FSAE方程式赛车传动系统的优化设计及LSD的调教[J].汽车实用技术,2017,12:67-71.
[59] 汽车工程手册编辑委员会.汽车工程手册(设计篇)[M].北京:人民交通出版社,2001.
[60] 张菲.汽车试验在产品研发中的作用[J].时代汽车,2020,20:11-12.
[61] 曾繁卓,雷文,周移民,等.乘用车制动盘性能惯性台架试验研究[J].汽车零部件,2019,12:71-77.
[62] 徐申敏,张庆,周军,等.悬架KC试验分析[J].汽车实用技术,2022,47(16):90-95.
[63] 李昕.大学生方程式发动机标定实验设计[D].厦门:华侨大学,2019.
[64] 吕锡芳,陈逊.空气动力学实验风洞流场性能验证[J].环境与健康杂志,2010,27(3):213-214.